これからの生き方。

自分はこのままでいいのか？
と問い直すときに読む本

著 北野唯我
絵 百田ちなこ

世界文化社

当たり前だったことが、ある日突然、当たり前じゃなくなる。
わずか、3か月前には想像もしていなかった状況が現実になる。

その感覚を今、世界が共有しつつあります。私は兵庫県西宮市で育ち、小学校低学年で阪神・淡路大震災を経験しました。数か月前では当たり前だった生活がガラガラと音を立ててなくなっていく、その様子は2020年に世界が共有した「感覚」ととても似ているように感じます。水、電気、ガスが突如止まり、道は割れ、町から食料が消えた1日目。笑い声が溢れているのが当然だった公園や小学校から一切の音がなくなりました。静けさと恐怖だけがじんわりと地元住民たちを包みこんでいきました。私たち家族は、生きるためにリビングで暖をとり夜を共にしました。

「そうか、日常は一瞬でなくなるものなんだ」

当時、ただの被災地の子どもでしかなかった私はそう感じました。その後、多くの人の支えを受け、街は復興し、私たちは日常を取り戻しました。やがて25年以上が経ち、無事に私は30歳を超えました。多くの幸運にも恵

In the beginning,

まれ、今は、会社の経営に携わりながら、ベストセラーを何冊か出す機会にも恵まれました。そして、32歳の年には、自分が書いた本が国立大学の、小論文試験にも使われるという、作家としての名誉にも恵まれました。

「一体、何が自分の人生で大きなきっかけになったのか」

私が今になり思うのは、やはり、「震災で感じたこと」そのものでした。非日常下で子どもとして感じたこと、人間の生き様、日々に対する感性が今の自分の大きな指針になっていると感じるのです。言い換えれば、あの辛い経験は、長い目で見たときに、自分の人生にとって確実にプラスの指針になっている、ということです。なぜなら、人は「苦しいときにこそ、自分の人生の生き方をいや応なしに問われざるを得ないから」です。

どうやって生きるか。

そういう類の話は、普段、面倒くさくて、どうしても逃げたくなるものです。もう何が何でも、考えたくない、という人もいるでしょう。特に都会には、楽しい遊びや、お酒や食べ物、恋愛や旅行、ゲームなど、あまりに楽しいものが溢れかえっているため、それらを忘れながら日々を過ごすことが容易です。ＳＮＳの発達によって、他人と自分を比較することも容易になりました。その分「焦り」が生まれやすくもなりました。ただ、人生にはどうしても自分の「これからの生き方を問い直すべきタイミング」が存在しているのも事実だと私は思います。

老いていくこと、体を壊すこと、身近な人がいなくなること、

これらはどんな人の人生にも必ず一度は訪れるものです。ただ、その事実に気づくのが早いか遅いかは、人により差が出ます。早い人もいれば遅い人もいます。しかし、確実に人は死に、いつか老いるもの。仮に、直近に何か大変な辛い出来事があった人も、過去に起きた事実は変えられなくても、いつからでも人は変わることができる。大事なのは過去の生き方より「これからの生き方」です。そして、「自分がどうやって生きていくか」でしかない。そのヒントとなる本を作りたい、そう思って、生まれたのがこの本です。

この本は誰に向けられた本なのか？

それは、きっと今日もどこかで一生懸命に生きる同年代に向けた本です。「お金」が大事であることは理解しながらも、それでももっと大切な何かを見つけたいと思っている同年代へ向けた本です。

お金は大事です。キャリアも大事です。自分自身が会社の経営に携わっているからこそ痛感していますが、お金は力の一種です。しかし、それと同等以上に大事なのは、「自分の人生をどうやって生きていくのか」、その問いと、それを考えるための題材です。誰にでも受け入れやすい「漫画」という技法を用いながら、今、このタイミングだからこそ出したい本は、キャリアの題材となる、新しい形の教科書です。

最後に、これからの生き方、というテーマを、私程度の人間が語ることは、もちろん抵抗がありました。しかし、それでも何かを同年代に届けたい、笑われてもいいので、誰かのきっかけになりたい、そう思って生まれたこの本を楽しんでいただけると幸いです。

令和2年7月

北野唯我

これからの生き方。　目次

はじめに……2
人物相関図……9

第1章 漫画編（物語編）

第1章 漫画編（物語編）……10

第2章 ワーク編（自己分析編）

第2章 ワーク編（自己分析編）……207
14の労働価値……208
キャリアでぶつかる課題……221
スキル型キャリアのポイント……228
意志型キャリアのポイント……234
チーム型キャリアのポイント……241

バランス型キャリアのポイント …… 253

第3章 独白編（生き方編） …… 261

忘れられない2つのコンビニ …… 264
仮設住宅で見た人間の本性 …… 266
過去ではなく、「これからどう生きるか」が問われる時代に …… 269
感性とは何か？ …… 270
将来楽するために勉強する？ …… 275
ブックスマートとストリートスマート …… 277
ハードシングスは何度も訪れる …… 278
「生き方」は問われ続ける …… 280
おわりに …… 284

巻末付録①

特別インタビュー

～7つの生き方～

小林 希　「意思決定の回数」こそが、ビジネスパーソンとしての成長を決める……五

上山公二　〝一緒に働きたい〟という言葉の重みの違い……一三

土尾紀男　働く一生の中で、何度も変えていく必要が出てきた〝自分の役割〟……二〇

横田 航　人は自分の身の丈に合った場所を自然に選ぶ……二九

西村真奈美　成果を出せるのは他人と違う観点でものを見られる人……三九

本間健太郎　時代が変わるというのは、〝当たり前が変わる〟こと……四八

佐倉愛子　変わるなら自分の意思で……五六

巻末付録②

14の労働価値分析シート

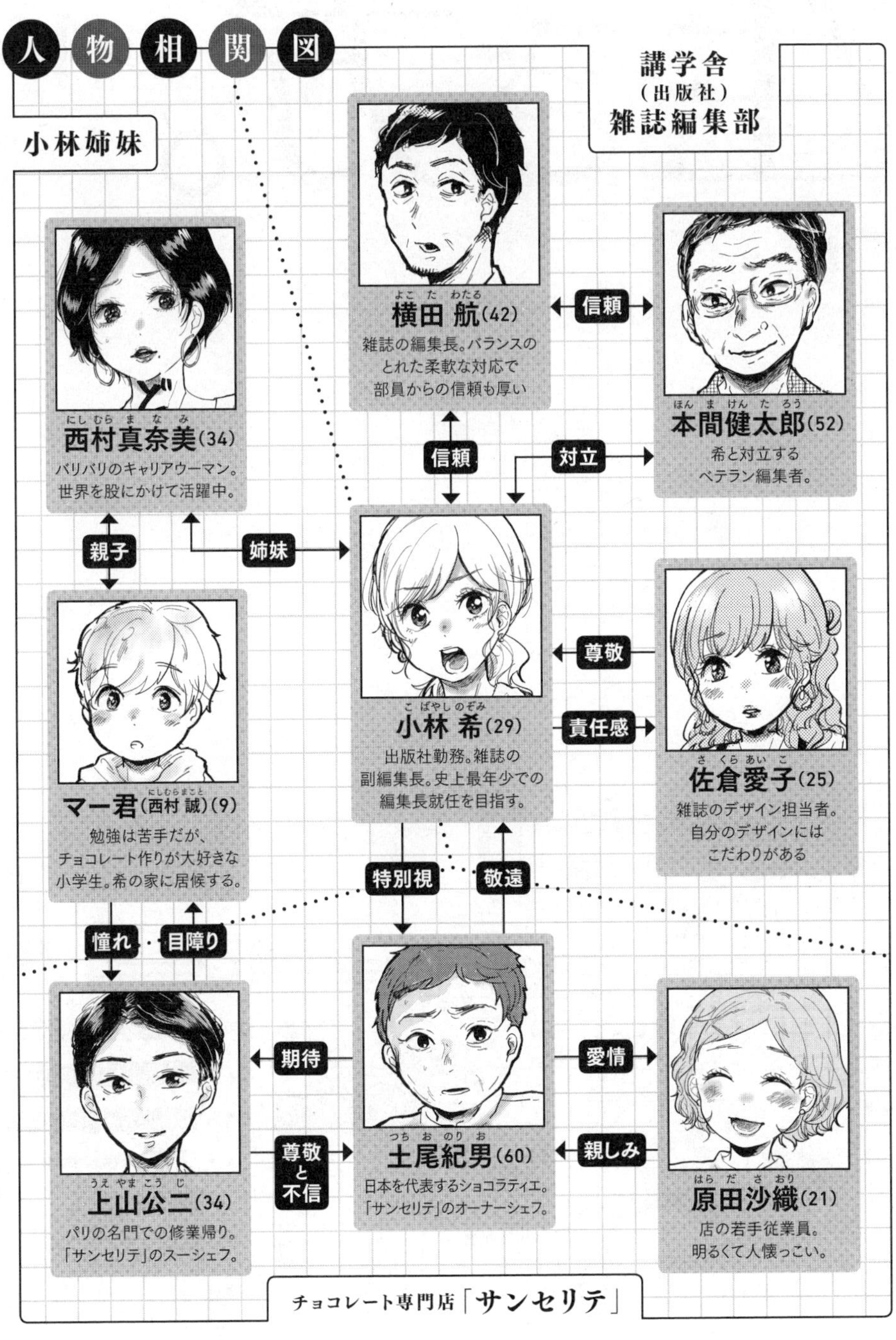
人物相関図
小林姉妹
講学舎
（出版社）
雑誌編集部
横田 航（42）
雑誌の編集長。バランスの
とれた柔軟な対応で
部員からの信頼も厚い
信頼
本間健太郎（52）
希と対立する
ベテラン編集者。
西村真奈美（34）
バリバリのキャリアウーマン。
世界を股にかけて活躍中。
信頼
対立
親子
姉妹
マー君（西村 誠）（9）
勉強は苦手だが、
チョコレート作りが大好きな
小学生。希の家に居候する。
小林 希（29）
出版社勤務。雑誌の
副編集長。史上最年少での
編集長就任を目指す。
尊敬
責任感
佐倉愛子（25）
雑誌のデザイン担当者。
自分のデザインには
こだわりがある
特別視
敬遠
憧れ
目障り
期待
愛情
尊敬と不信
親しみ
上山公二（34）
パリの名門での修業帰り。
「サンセリテ」のスーシェフ。
土尾紀男（60）
日本を代表するショコラティエ。
「サンセリテ」のオーナーシェフ。
原田沙織（21）
店の若手従業員。
明るくて人懐っこい。
チョコレート専門店「サンセリテ」

第1章 生き方。

これからの

著 北野唯我
Yuiga KITANO

絵 百田ちなこ
Chinako MOMOTA

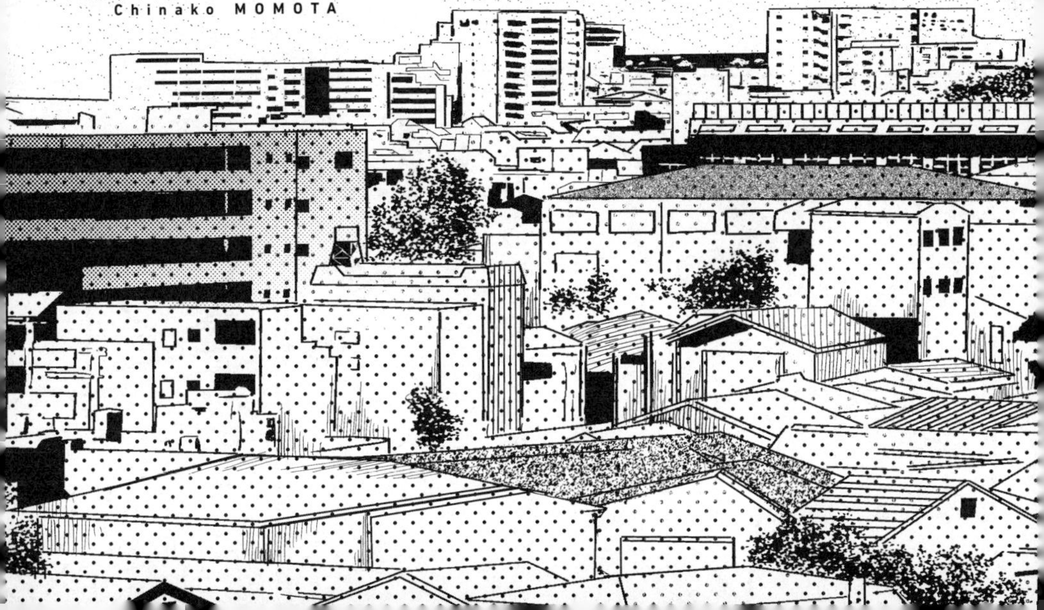

げっ
ブーッ
ブーッ
今必死に書いてんだからっ
も〜〜〜わかってますって…
横田編集長
ブーッ…
小林 希(29)
総合月刊誌「Annna」副編集長
あれ？ここの資料どこだっけ
ぐしゃっ
あぁ!!もー!!
ふー…
…
あ
ぐらっ…

ブーッ
もう
しつっこいな～
あ
真奈美
やほー、お疲れ！
今日の夜20:00頃
そっちへ向かいます
よろしくね
あ～……
今晩か…
よりによって
今日…
は――…
きゅっ…
最悪の
タイミングだわ
ブーッ
ブーッ
うわっっっ
また!!
小林、さっきゲラが届いてな、
大至急直しが…
！わかりました
今から行きます!!
よしっ
バタン…

出版社──
横田さん！
おお
どこです？ゲラ
よこた わたる
横田 航（42）
編集長・希の上司
これだ、さっきバイク便で届いた
うわっ
真っ赤じゃないですか
そうなんだよ、クライアントの会長がいきなり原稿をチェックしろ、と言ってきたらしくてな
あー…まじですか…
しかも土日に
最悪ですね
娘とあそぼうと思ってたのにな～♡
それは残念ですね～
現場同士ではOKが出ていたのに、お上が急に出てきて、原稿がポシャる
これでOK！いいね～
やっぱり修正で☆
はあああああ
もうあと入稿するだけなのに!!
そんなの出版社ではよくあるけど毎っ回イヤんなるわ
…まあ

それでも
やるしかないんだけど
締め切りまで
あと2時間
ガッ
ぼンッ
横田さん！
すみません
先に原稿の直し
お願いします！
私はまず
社内のデザイナーに
稼働できるか、
確認します
わかった
希先輩
どうしたんですか？
ごめんね、休日に
実は大至急の
直しが出たの。
…今から会社に来れる？
今から、ですか？
えっ!?
OPEN
佐倉愛子（25）
デザイナー・希の後輩

すいません
ちょっと無理です〜
愛子チーどした？
だって今彼氏と
デート中なんで〜
ピクッ
…デート中に
悪いけど、
非常事態だから
えー…
プチィ…
あんたね、私言ったよね？
事前に。日曜は急に仕事入るかも
しれないから、この日だけは、
空けといてって
そうですけど〜…
でも、本当に
くるなんて
イラッ
きたから言ってんのよ！
今、家？ どこ？
…今、外です
あと2時間しかないの。
外ってどこ？
大丈夫か…？
近所のカフェ
ですけど…
だったら間に合う。
すぐ戻って、
修正して！
え〜…
でもぉ…
…
じゃあ、私が勝手に
やるけど、いいの？

あんたが気合入れて作ってたデザイン、
崩れるかもしれないけど、いいの？
カチ
…っ それは
私は意地でもやるわよ、絶対に終わらせるから。慣れないデザインでも
いけ感じ！
本当にいいのね？
ぐっ
…や
やっぱりイヤです…
でしょ
…どうする？
せっかく作ったもん、やります！
じゃあ、頼むね
…はい
今から向かいます
ありがと！今度、甘いものご馳走するから！じゃ！
ゴメン、今から会社行かなきゃ
えっ
マジ!?
…
バチッ
…やるぞ！

校了後――
お疲れ様でした！
は～…今回ギリッギリでしたね
お酒がしみる…
あぁ、ほんとお疲れ様だな
来月のショコラ特集も、絶対に成功させます
キリッ
あぁ…そうだな
次回の特集はお前にとって特別だ。4年連続での記録更新がかかっている
…
横田さん、前にした・・・あの約束覚えてますか？
…あぁ、最年少での編集長就任、だろ？
はい

もし今期も最高部数を出したら、私を編集長にあげてください
…可能性はある。上層部も、お前の実力は認めてるからな
でも、お前、そんなこととして大丈夫なのか？
え？何がですか？
編集者の仕事はそれでなくても、忙しい
編集長になったら、それこそ、土日も休みがなくなるぞ
問題ないです
この時代、働きすぎ人間は、会社から赤信号（フラグ）が出るぞ
当分、仕事第一って決めてるので
ふーん…
…家庭を持つってのも、悪くないことだけどなぁ
こないだ2歳になったんだよ
…

はっ
ガタッ
やばい！
忘れてた!!
ビクッ
!!
すみません横田さん、
私帰らないと
へ？
どうした突然…
姉と甥っ子が
今、家に来てるんです！
お、おお…
わかった
おつかれ様でしたーっ
バタバタ
あ
命のメモ帳
…月曜、
会社で渡すか…
そそっかしいなアイツ…
騒がしくて、
仕方ないな
うちの
エースは

希の家──
ごめんごめん！
もーやっと帰ってきたー！
あんた、忘れてたでしょ～
違う、仕事で
嘘つけ、酒臭いよ
えっ
西村真奈美（34）
希の姉
あ、マジか…
ばれたか
くん…
姉の勘は鋭いから
飲んでたけど今日仕事してたのはホントだし！
ドヤ
…
仕事、相変わらず忙しそうね
まあね、今年出世がかかっているから
あー、編集長になるんだっけ？
そう、上手くいけば
順調そうね
まあ、仕事は…でも、邪魔も多いし
〝邪魔〟？
あぁ、例のオジさん？

…
ふーん…どうせ、叩きのめそうとか、考えてるんでしょ？
もちろん。そいつらより出世して
節操がないねぇ…
ボソッ
…しいたけ占い射手座なんで
何いきなり
関係ないでしょ
今の会社にも、面倒くさいシニアがたくさんいるのよ
…そんなことより！
…あの子を預かればいいのね？
そう。今日から2週間、よろしくね
にしむら まこと
西村 誠(9)
真奈美の息子
…
あぁ、あの子もこんな私に預けられて、かわいそうに
最悪の一手でしょ
我ながら
頼れる親族、あんたしかいないからね
子どもとなんて遊んだことほぼないのに
へ？旦那は？
あの人も今海外出張中なの

そういうことね、
で、私が
…
そう、でも一つ
お願いがあるの
なに？
あの子の―
誠の夢を、サポートして
あげてほしいの
…〝夢〟？

一方、その頃…
つちおのりお
土尾紀男(60)
天才ショコラティエ
チョコレート専門店
「サンセリテ」オーナーシェフ
ガチャ
Bonjour à tous.
ご無沙汰しております、今日からまたよろしくお願いします!
あぁ、元気か?

もちろんです
スーペル(修業)ショコラ(先)はどうだった?
さすがは、パリの名門で
毎日が刺激に溢れていました
日本のショコラもこれから変わらないとまずいです
そうか、楽しみだよ
はい。
シェフに伝えたいことがたくさんあります!
上山公二(うえやまこうじ)(34)
「サンセリテ」のスーシェフ(2番手)
土尾の右腕として働いた後、
5年間フランスで修業し先日帰国
私が作った新作もぜひ試食していただきたく…
出勤は来週からだよな?
疲れただろう。2、3日はゆっくり休むんだ
は、はい
あ、沙織!
…

もうちょっと温度下げてくれないか？
温度、ちゃんと見ているか？
はーい、シェフ
！
ピクッ
原田沙織（21）
「サンセリテ」従業員
なんだ今の態度…
土尾シェフに失礼だろ
…なんだか
前と雰囲気が変わったな…

2、3日はゆっくり休むんだ
土尾シェフはああ言ったが──
…来週まで待てるか？
スピード！スピード！スピード！
素材は待ってくれないぞ
チョコレート作りはスピードこそが全てなんだ！
…
たとえ雰囲気が前と変わっても
…今も一緒のはずだ
ボソ…
グッ
やっぱり明日にでも見せよう
早く、俺の実力をシェフに認めさせる必要がある

翌朝
ガタッ
…？
…来週まで休めと
言っただろ
すみません
しかし、
一日でも早く、シェフに
食べていただきたく…
…
ぱ
…
いかがでしょうか？
パート・ド・フリュイと
プラリネのバランスが
面白いと思いますが
…あぁ、

悪くはない
わ、悪くはない？
というのは
その通りの言葉だよ。
悪くはない
しかし、パリでは、
今もっとも、旬と
いいますか
知ってるよ
…
では、どこが悪いの
でしょうか？
教えてください！
だから、悪いとは
言っていない
…
はぁ…
とにかく、
来週まで休め
ポンッ
お前にいられても
みんな困るだろ

知ってるよ
〝悪くはない？〟だって？
まだ日本で誰もやっていない配合だぜ？
…くそ…っ

希の家—
ふぁ
…
ガチャ…
…おはよう
おはようございます
朝ごはん、食べる？パンしかないけど
はい
…
お母さんがいないの、寂しい？
カチャ…
…うん
まぁ、そうだよね
いただきます
ねぇ、マー君
ショコラティエになるのが、夢なんだって？
！

うん！
君のママに聞いたけど、なんでショコラティエになりたいの？
なんで？
そう、最初にそうなりたい！って思った理由はなに？ってこと
ママとパパが喜んでくれたからです
ママの誕生日に、チョコを作ったらね、すごく喜んでくれたんだ
へぇ…
僕は勉強も運動もできなくて、
いつも学校でバカだ、バカだって言われるから…
ふ～ん…
でもさ
そんなの全然気にしなくっていいと思うけど

小さい頃のバカって言葉ほど、あてにならないものはないからね。
小さい頃にバカだってけなされた人が、あとあと、すごい人になったり、
逆に小さい頃に勉強ができたって人が、
大人になって悪いことしたりするから、意外と
…私だって反抗期はひどかったんだから
えっ？
そうなの？
金髪で、ぐるぐるにしたり、派手なカッコしたり…
ズ…
まぁ、色々ね
だから、マー君も意外と、すごいシェフになるかもよ
パラ
そうなんだ…！
そっか…
なにが書いてあるの？それ
じ…
ぱあああ…

…まほうのお話
ん？
あの、
チョコレートの
お城の話です
チョコレートの
お城？
うん。
チョコレートで
できたお城の話。
お菓子がたくさん
あるんだよ
ふーん…
ね、
そんなに
好きならさ
楽しそう…
今度、私にも
チョコレート作ってよ
!
いいよ！
ににっ
あー、あと、そうだ
言っておこうと
思ってたんだ
?
うちにいる間は、
家事もやりなさい。
えっ
!?
働かざる者
食うべからず
世の常、
当たり前よ
人を指してはいけません。
ビシッ
ぐちゃーー
は、はい
希の服
交渉成立ね
にっ

空想は知識より重要である。
知識には限界がある。
想像力は世界を包み込む

Imagination is more important
than knowledge.
Knowledge is limited.
Imagination encircles the world.

アルベルト・アインシュタイン

（ドイツの理論物理学者、1879年～1955年）

Albert Einstein

「Cosmic Religion and Other Opinions and Aphorisms」（1931年）より

チョコのお城、
ピンク、赤、緑のマカロン
お城の前にある橋は、板の
チョコレートでできていて、
馬車は、ミルクチョコレート。
窓は、透明のスプーンで
できている
!
パッ
でも、クレープの
カーテンがあるから、外からは
見れないんだ
片付けしなきゃ!
カチャ…
ザ
小さい頃、バカだって
言われた人が…

あとあと、
すごい人に
なることもある
…僕も、
僕も、
そうなれる？
…
ごそ…
ママは、今頃、
なに
してるのかな？

出版社
土尾シェフのインタビュー全然進んでないじゃないか
バシッ
その…
何度頼んでもNGで…
できんのか、できないのか。お前にかかってんだぞ！
ヴっ…
他に手段がないか、考えます…
そういえば、本間さん土尾シェフと同じマンションかもって言ってませんでした？
…いやぁ〜〜〜？
さぁ…どうだったかなぁ
本間 健太郎（52）
希と最も対立するシニアの編集者
本当なんですか？
さぁね、人違いだと思いますよ。すみませんねぇ、力になれなくて
…本間さんの力は一切不要ですので
ご心配なく
ピク…

…ほんっとに偉そうなやつだ
ボソ…
ほめ言葉ですか？それは
は？
実力でもねじ伏せられないから「態度の問題」にすりかえてくるんですよね？いつも
おいっ
そんなわけないだろ
では、嫌味ですか？もし、嫌味ならもっと面と向かって言ってもらえますか？
ド
ここそこそ、トイレで聞こえるか聞こえないぐらいに言うんじゃなく
ピクッ
っこの…！
お前ら
それぐらいにしとけ
はぁ…
—小林、お前だけは…
絶対に出世させんからな
あなたにそれを決める権利はない

小林！
…ああは言ってたが土尾シェフの取材、本当に、大丈夫なのか？
土尾シェフは、メディア嫌いで有名だろ
大丈夫です
本当か？
秘策があります
秘策？
土尾シェフがよく通うレストランがわかりました。こうなったら直撃します
この店によく出没するそうです。
直撃って、お前、まさか
プライベートなところに押しかけるってことか？
はい
そんなことして、逆に嫌われたら…
大丈夫です。私は初対面だけは、強いですから
…
たっ

…すみません。
土尾シェフ、ですか？
ああ…そうだが
私はこういうものです
講学舎
編集部 小林希
小林…。君か、しつこく取材の申し込みをしてくる記者は
はい、どうしても土尾シェフに出ていただきたく
にこっ
何度も言った。私は出ないと
それは知っていますが
出ないと言っているだろ
バンッ
…そうですか。では―
食事だけでもご一緒させてください
すとっ
んっ
!?なんだコイツ

おい
なんでしょう？
私は食事をしにきているんだ
もちろん、知っています。でも、私も勝負がかかってるんです
ス…
この雑誌ご存じでしょうか？
…あぁ、もちろん、知ってるよ
私はこの雑誌の特集を担当しています。
来年の巻頭インタビュー8ページ、土尾シェフでいかせてほしいんです
シェフの店にとっても、悪い話ではないはずです
こちらが取材用のメモです。聞きたいことをまとめました
…
会計を
！
失礼する
ガタ
あの…待っ

シェフの店にとっても、悪い話ではないはずです
…
店のため、か…
しーん…
…
ピッ
横田さん、失敗でした
お前、まさか本当に――…
バカ、成果を焦りすぎだ！逆効果に決まってるだろ！
うっ。
うーん、イチかバチかだったけど
やっぱダメだったか…
ちら
ご
くっ
は
おいしい、これ…

土尾の店―
新商品企画の試食会
上山、どう思う？
え？私ですか？
そうだ
…私は2と3かと思います
そうか。他の皆はどうだ？
えっと、僕は3と5が好きです
なるほど
わかった。少し、考えさせてくれ
…
あの、さっきの試食のことだけど…
はい
土尾さん、自分で決めないのか？
…そうか
どうかしましたか？

なんか、変わったな、と思って
昔は全て自分で決める人だった
自分の味覚に絶対的な自信を持っていて。他人の意見なんて何も聞かなかったのに
そうなんですか？私は今のほうが好きですが…
えっ
…
…シェフは、最近、自分で新作も作ってないのか？
そうですね、以前よりは回数は減りました
何かあったのか？シェフに
びくっ
さぁ…？特になにも…
びっくりした…
…

今から私が
世界一を目指せるか？
…
それは…
不可能だ
土尾シェフ
特集
はっ
あ、
シェフ！
46

今日も来てましたよ、あの記者さん
あぁ、またか。しつこい人だ
でも、シェフ。なんでそんなに嫌がるんですか？メディアに出るの。
私は出てくれたら嬉しいですけど
メディアは、勝手なんだよ
講学台 小林 希
自分たちの都合のいいように私たちを切り取る
それに、いざとなったら手のひらを返す。
それにな、これからは沙織、お前たちの時代だからだ
私たちの時代？
世代交代だよ
いつまでも父親世代の俺たちが目立ってたら、お前たちにチャンスが回ってこないだろ
そんなぁ〜、またまたぁ〜
まだまだ現役でいてくださいよ〜
あははっ
だが、そうだな…
たとえば、上山が取材を受ける、それはありかもな
えー！それ素敵！だったら私も出たいな！
ぱあっ

いや、お前はまだまだだ
え〜っ？
シェフひど〜〜い!!
ズバッ
……!
3
5
…
ごく…
ス…
3
5
3
5

希の家―
キラ
キラ…
おお…
本当に作れるんだ
まず、見た目はいいね
ふーん…
ぱくっ
ん～…
ちら…
…なんかね、ぶっちゃけ…
普通…よね
てか、凡庸
生クリームとチョコレートが分離してるし口どけもよくない
ぴくっ
ごくんっ
ぼ…ぼんよう？
ふっ…
しゅん…
マー君、あんた好きなものを仕事にしたいんだよね？

だったら、若いうちに
もっと〝ホンモノの味〟を
知ったほうがいいね
…？
私は仕事柄、いろんな
有名な経営者に
会ってきた。
その中の
えらい人が
言ってたけど、
世の中には、誰でも
できるけど、
誰もがうまくはできない
ことがあるって
誰でも
できるけど…？？？
そう。
たとえば、文章を
書くのがわかりやすい
文章を書くってのは、
ほとんどの人が
できるでしょ？
でも、それだけで
食べていける人
なんて10万人いて一人
仕事にできる人は
ほんの一握りなのよ
緊急大量重版!!
100万部突破!!
No.1
なんでか
わかる？
好きなことだけで
生きていく道
こそ、
とてつもない
高い技術が
必要だからよ

音楽だってそう。
絵を描くことだってそう
いい？
つまらない仕事って楽なのよ
なぜかというと、大して高い技術を磨かなくても、そこそこお金もらえるから
でも、そうじゃない仕事って大変なの。
なんでかというと、皆やりたいからね。
…ま、近いうちに一流を知ったほうがいいね
そっか…
ごめんなさい
へ、なんで謝るの？
せっかく、食べたい、って言ってくれたのに。美味しくなくて
あー…
さすがにキツく言いすぎたか…
やらかした…
そういうことじゃないよ。ショック？だよね
ううん

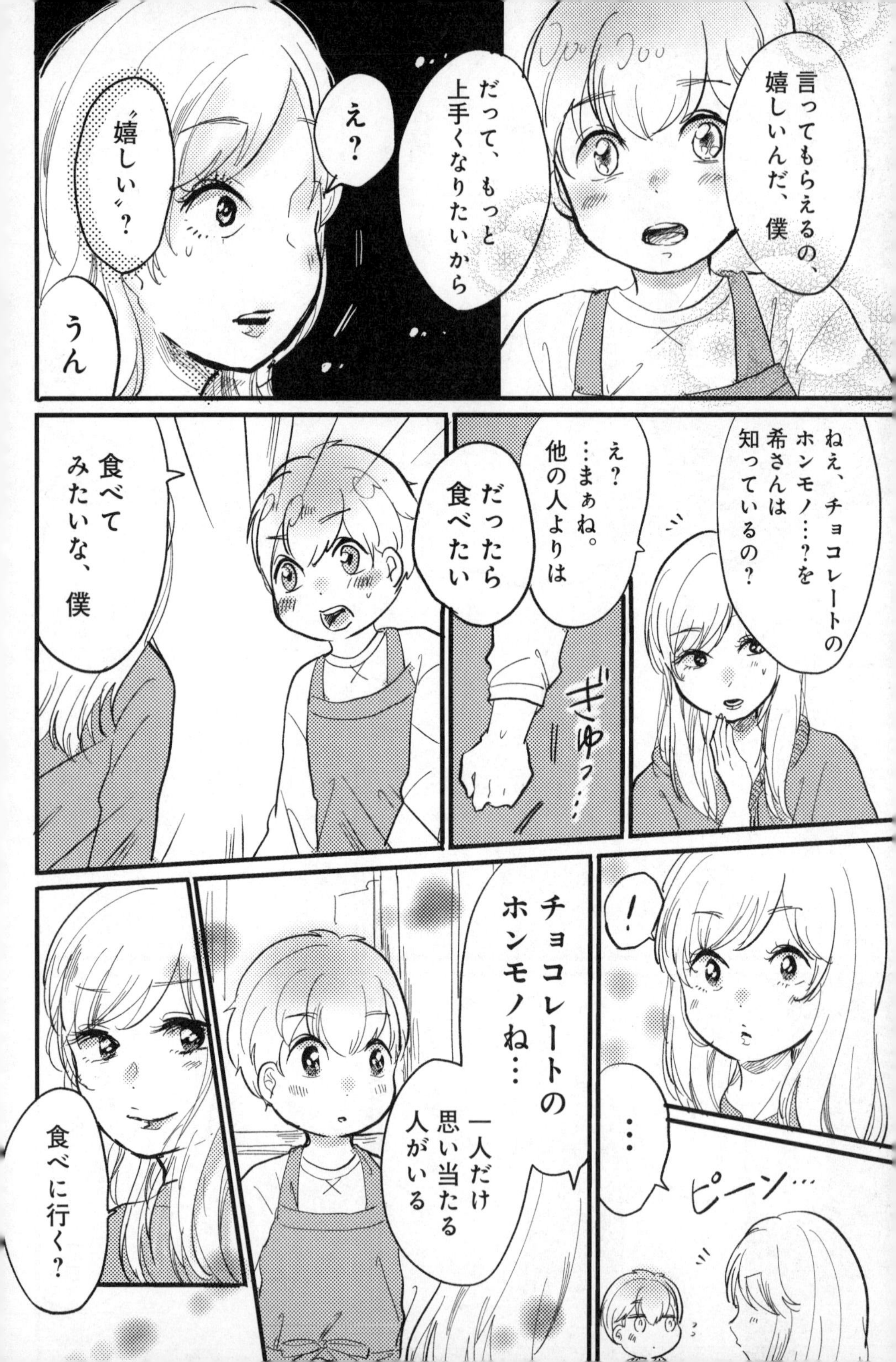
言ってもらえるの、嬉しいんだ、僕
だって、もっと上手くなりたいから
え？
〝嬉しい〟？
うん
ねえ、チョコレートのホンモノ…？を希さんは知っているの？
え？…まぁね。他の人よりは
だったら食べたい
ぎゅっ…
食べてみたいな、僕
！
…
ピーン…
チョコレートのホンモノね…
一人だけ思い当たる人がいる
食べに行く？

土尾の店・
ショコラトリー
チョコレート専門店
サンセリテ
「Sincérité」
わぁー…！
きれい！
まるで、僕の絵、みたいだ！

わー…
フフッ
あのね、ここの土尾紀男シェフは、すごく有名な人なの
単にショコラを作るだけではなく、後進の育成にも力を入れている
後進ってわかる？
ううん
そうねー…若い人を育てるってこと
土尾シェフは、ショコラを作る学校でも教えている有名なシェフなのよ
学校でいうと、マー君より下の子がいるでしょ？
こくっ
すごい先生なんだ！

そう。たとえば、このショコラは、バターの代わりに植物性オイルで作られているの
その製法は土尾シェフが考えたから、「土尾モデル」、と呼ばれている
ショコラの作り方に名前がついているのよ。すごいでしょ？
ひょこっ
うん！
ずいぶん、詳しいんですね
…ええ。一応ね。先日はどうも
にこっ
今日は取材じゃないんですね
プライベートで来ました
こんにちは
こ、こんにちは
この子は…？
あぁ、私の甥っ子です
チョコ、好きなの？
はー…
はい！
ぱあっ

この子、実はショコラティエになりたいらしくて
それで社会見学的に、連れてきちゃいました
え！嬉しい～！
きゃ～っ
あの…
ん？
なぁに？
仕事って、楽しいですか？
ちょっと
誠君？
あ、うん…そうだね…
まぁ、楽しい、かな？色々あるけどね
へへ…
え？
…

…あ、そうだ、そういえば
はっ
ドキッ
この前シェフが取材受けてもいいかもって言ってました
え
ほっ本当ですか？
がばっ
あ、ただ、その、本人じゃなくて…
上山ってものですが
上山…シェフ？
そうです、土尾の一番弟子の
フランスで修業してきて、受賞歴もあります
土尾シェフじゃないのか…
今ちょうどいるので、呼びましょうか？
土尾シェフじゃないと、特集は成り立たない。
でも、もしかしたらチャンスになるかも…
…ぜひ！

どうでしょう？
…
上山、お前は、これがいいと思うのか？
昨日シェフがそうおっしゃっていました
5
3
俺じゃなく、お前はどうなんだ？
え？
ビクッ
え？…あ…いえ
どうなんだ？
…3番が、いいと思います
にっ…
じゃあ、3番にしようか
本当に
これがいいと思うのか？
上山さーん！
すみません、ちょっといいですか？
〝取材〟です
…取材？

私は中学の頃から、この仕事につこうと思っていました
ですので、フランス留学は一つの夢でした。フランスでは…
ペラ
ペラ
あ、だいぶわかりました。上山さんのことは
ス…
少し質問を変えさせてください
どうぞ
…土尾シェフとの関係はどうですか？
ピクッ
土尾シェフ？
はい
土尾シェフといえば、業界のレジェンドです。
そのレジェンドと、お二人の関係もぜひ、聞きたくて
当然、彼は私の師匠です。技術の根幹を教えてくれました
…ただ最近はどうなんでしょうか。
疑問に思うことも増えましたが
疑問に思う？

ええ。彼は最近では、自分でショコラも作っていませんし
なんだか情熱を失ったように思うことが増えました
…シェフにとって最も重要なのは、舌です
彼の舌は、誰よりも繊細で優れていました。
少なくとも私が知っていた頃の彼は日本で一番の舌を持っていました
…
あの…その話も含めて
今度、お二人の対談の様子を聞かせていただけませんか？
対談？
そうです、新旧のエース
実は、今度、巻頭インタビュー8ページを土尾シェフの特集にしたいと思っていて
スッ
ただ、土尾さんが取材を受けてくれなくて困っていて…。
なので、企画を変え、土尾シェフと上山シェフの対談、という形にできませんか
私とシェフの対談？
ええ。だって…言い方が悪いですが、

そうすれば、
上山シェフにも、
きっと、
〝箔〟がつきますし。
いかがでしょう？
…わかりました
私から一度聞いてみます
！
ガタッ
ありがとうございます!!
わっ
そういえば…
誠君、なにか聞きたいことはある？
はっ
きゅっ…
…あの、一つお願いがあります
？
僕が作ったチョコ、食べてほしいです

君の、チョコ？
こくっ
あ
この子、ショコラティエになりたいらしくて、毎週チョコを作っているらしいんですよ
…なるほど
もちろん、いいですよ！
こくっ
！
ありがとうございます！
ガチャ…
…

督促状
督促状 至急開封
警告!
重要
重要
チッ
びしゃっ
僕が作ったチョコ、食べてほしいです
この子、ショコラティエになりたいらしくて…
…
!
ぱく
…マズっ
ヴっ
カチ

…どいつもこいつも…
Tu manques de respect
aux chocolatiers!?
ショコラティエをなめんなよ

すばらしい仕事をする唯一の方法は、
自分のやっていることを
好きになることだ。
まだそれを見つけていないのなら、
探し続けなければいけない。

The only way to do great work is
to love what you do.
If you haven't found it yet, keep looking.

スティーブ・ジョブズ
（米国の実業家、アップル社の共同設立者、1955年～2011年）
Steven Paul Jobs

「スタンフォード大学での卒業生向けのスピーチ」（2005年）より

出版社――
それで、上山シェフまではつないだ、と
そうです
でも、もしダメだったらどうするんだ？
別の手段でつなぎます
別の手段ってなんだ
そのとき考えます
…あのな！プランAがダメなら、プランBを用意しておく。
これは編集者として当たり前のレベル1だぞ
そんなのわかってますよ
なぜ、そこまで固執する？
土尾シェフ以外にも有名なシェフはいるだろ。
…他のシェフじゃダメなのか？
ダメです
なぜだ？
「生き方」
そのものなんですよ、彼は

生き方？
どの世界にも「超一流」の人間と「一流」の人間がいます。
その差はなにか？それは、生き方を体現しているか、です
クリエイターにとって、作ることは生きることそのものです。
彼にとってシェフというのは単なる職業ではない、生き方そのもの
土尾さんは、シェフに生まれるべくして生まれた人間
そして、この次元までいっているシェフは日本に一人しかいません。
だから彼なのです
とは言っても…
いえ、「絶対に」彼です
ざわ…
本間さん、ツテってやつは、本当に使えないんですか？
なんとか力を貸してもらえませんか？
ツテか…なくはない。横田君の頼みなら考えてもいい
ただ、その前に…
謝ってもらいたいな

この前の無礼についてだ。
無礼はまず謝る。
その程度のことがわかってない人間が、
我が社の社員を名乗るなんて恥ずかしいけどなぁ。
レベル1じゃないか
無用ですよ
ざわ
ざわ
ああそうか。だったら、自分で探せ
私も頼んでないので
お前は本当に失礼なやつだな
そちらもね
…そこまで熱く語れるぐらい土尾シェフに惚れてるなら、まぁ、色仕掛けでも使って…なぁ？
わははは…
…はぁ…？
ブチッ
マズい
小林の地雷だその言い方は
落ち着けお前ら！
ゴゴゴゴゴ
…これが

落ち着けるわけありますかこれが!!!
この…腐った狸め!
黙れ!
ふざけんなてめえ!!!
ガタッ
そっちのほうこそ、誰に口きいてんだ
万年窓際社員のてめえに飯を食わせてやってんのは、私たち若い世代だろ!!
はぁあああ!?
俺たちの若い頃のおかげで今のお前たちがいるんだろが!
お前ら、いいかげんにしろ!
なんのためにチームがあるんだ!
俺たちはチームなんだ!潰しあって誰が幸せになる!頭を冷やせ!

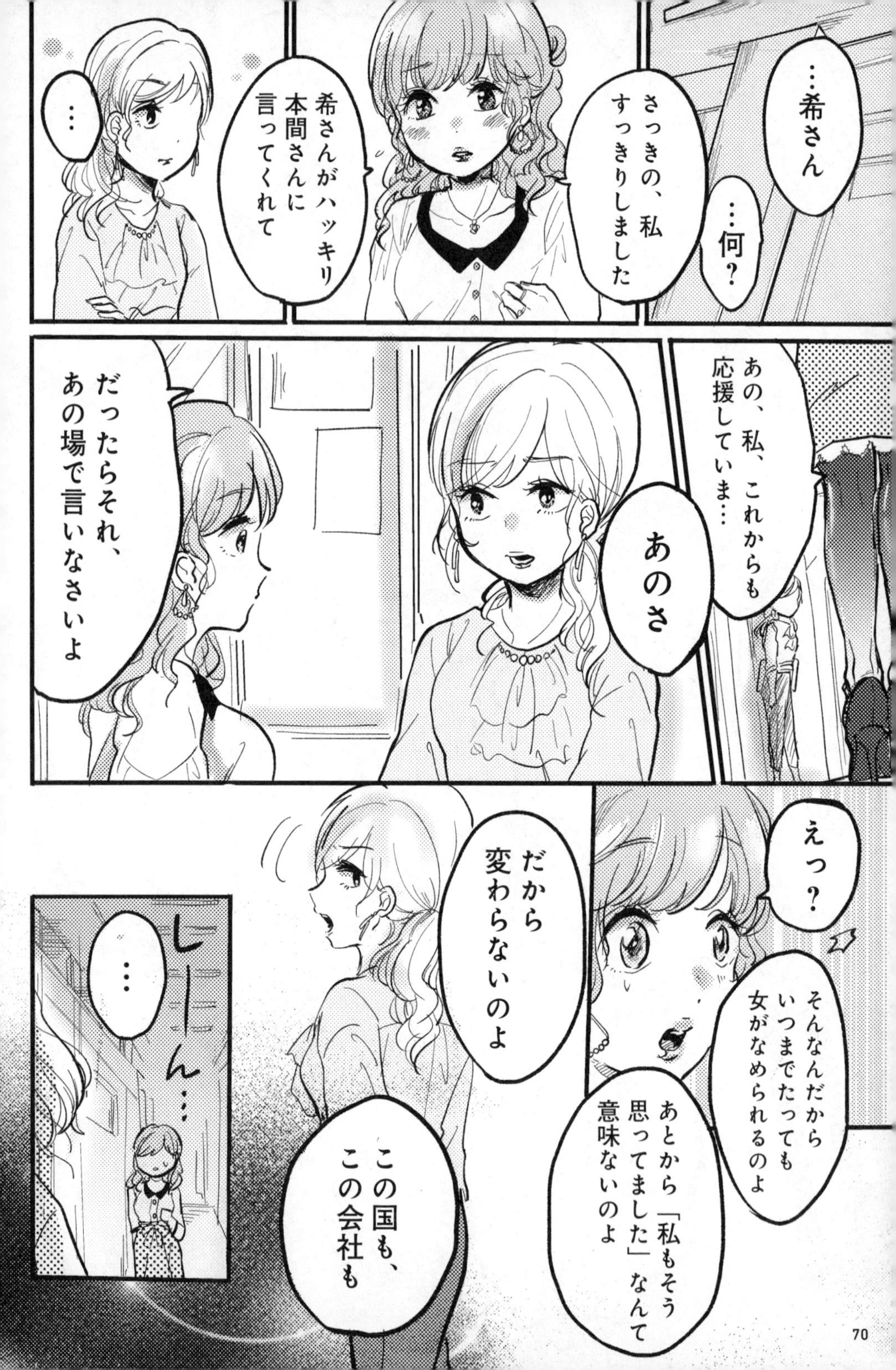
…希さん
…何？
さっきの、私すっきりしました
希さんがハッキリ本間さんに言ってくれて
…
あの、私、これからも応援していま…
あのさ
だったらそれ、あの場で言いなさいよ
えっ？
だから変わらないのよ
そんなんだからいつまでたっても女がなめられるのよ
あとから「私もそう思ってました」なんて意味ないのよ
この国も、この会社も
しーん…
…

土尾の店―
店舗の金がなくなってる？
はい、四谷店で今朝確認したところなくなっているらしくて…
たしかなのか？
はい、昨日の売上分全て
社内、ですかね…？
それはまだわからん
いったん被害届を出す。そして全社員、アルバイトにもその旨を連絡しよう
明日の店長会議で、私から話そう
…
翌日
すでに聞いたと思うが、昨日、四谷店で1日分の売り上げが消える事件があった
警察の方は、おそらく、社内の可能性が高いと言っていた
一部の店長からは、これを機に防犯カメラをつけたらどうかと提案をもらった
ただ、私としては…

不確かな情報で皆を疑いたくない
皆も、必要以上に、社員のことを疑ったり、監視したりはしなくていい
しかし、同様の事件が続いたら…？
…そのときは厳しい対応を取らざるをえない
ただ、現時点では憶測で話すな
…
土尾シェフ
実は…今回の件で思い当たる節があります
…？

出版社―役員会議
…それで、今回の事実関係はわかった
この書類に書いてある、この認識であっているかね？
は、はい…
事情はわかった。たしかに、本間の発言は行きすぎだ
だが、小林
君も変わらないといけない
変わる？何をですか？
君が以前から、この会社での女性の働き方に関して…
違和感を感じているのは知っている
女性の働き方？
お言葉ですが、どういう意味でしょうか
その言葉通りだよ。
君がジェンダーの問題に関しては、人一倍、関心が高いのは知っている
誰よりも出世したい、ということもな

全然違いますね
…ん？なんだって
私は別に、女性を優遇しろ、なんて全く言っていません
それよりも、もっと手前の、当たり前に一人の人間として、
この、レベル０を求めているだけです
…
それにしても言い方が、だな…
言い方なんてないですよ、
この問題に
お前な
社長。あなた、
ざわ…

男性なんだから、
取引銀行の前で、
全裸で踊れや、って
言われたらどう思います？
だから、男なんだから
銀行の前で踊れ、って
言われたらどう思いますか？
って聞きました
…それとこれとは
全然違うだろう？
…なんだって？
ピク
いえ、それと同じ
ぐらいの屈辱です、
私にとっては
小林、
言いすぎだぞ…
いえ、言いすぎでは
ありません
小林！
謝っておけよ…
役員の皆さんも
なんとか穏便に収めようと
してくれているんだぞ…
なぜ、正しいことを
言っているのに、
私が謝らなければ
ならないのですか？
理解できません

ここが、国
ここが、こいつらが居座ると決めた世界
絶対に、変えてやる
私の後ろには、何十人、何百人の女性社員がいます
彼女たちに対して、私は嘘をつきたくありません
ああ、
…横田。お前がなんとかしろ
!
…
彼女たちに誓っても、私は自分が間違っているとは思いません。絶対に
小林!
小林! おい、待て!

私、間違ってますか？
え？
いや、それは…
たっ
おいっ
でも
正直、気持ちよくなんてない
こんな戦いは本当に意味があるのだろうか？
ぐっ…
……っ
…やるしかない。私が、やるんだ
…自分を疑わないんだ。自分を…
ぎゅ
…はぁ…

会議室
横田
お前は、本当に彼女を最年少で編集長にしたいのか？
はい
なぜだ
実績は十分です。そして、他の者にはない視点を持っています
絶対にありえないな
今日の会話を聞いただろう？彼女は、調和を乱しすぎる
もし彼女をトップに置いたらそれこそ会社を壊しかねんぞ
…ただ、お言葉ですが…
？
我々も、変わるべきなのではないでしょうか？
彼女はたしかに、言葉遣いは悪い。そして、一言余計です
しかし、言っていることはまっとうです
出版業界が変わろうとしているなか
彼女のような存在を殺してしまっては我々に未来はないのではないでしょうか？
横田

…で、
なんだって？
ごく…
ですから…
横田ぁ…
お前な、
コツ…
調子に
乗りすぎじゃないか？
その、あれだ
場合によっては
お前もろとも吹っ飛ばす
こともできるんだぞ
コツ
お前の出世が
なくなっても
いいんなら、かまわんが…
…
それに
…なぁ？
コツ
それとも、お前の
その椅子と、
交換したっていいんだぞ？
編集長
たしか
まだ、2歳だったよな？
お前の子
ピク
コツ
コツ
…!!

……
ドクン
…す、
ドクン
ドクン
……すみません……
ドクン…
……
トン…
では、どう思うんだ？
彼女の昇進について

それは…、
ゴクッ
まだ、かもしれません…
横田君
規定通りいけば、来年、君は役員になる可能性がある
改革は横田君がトップになってからでも遅くないよ
…
…はぁ〜っ…
誰もが自分のターンで
ババ抜きのババを引きたくないのだ

…
はぁっ…
俺はしょせん
サラリーマン、なんだな
…終わっている、
こんな会社…

絶えずあなたを
何者かに変えようとする世界の中で、
自分らしくあり続けること。
それがもっとも素晴らしい偉業である。

To be yourself in a world that is
constantly trying to make you
something else is
the greatest accomplishment.

ラルフ・ワルド・エマーソン

（米国の思想家、哲学者、作家、詩人、1803年～1882年）

Ralph Waldo Emerson

はー…
疲れた…
ガチャ…
ぐちゃ…
あ、
おかえりなさ…
なにやってんの！
キッチン汚い！
それに、
いつも洗い方も下手くそ
同じこと何度も
言わせないで！
びくっ
迷惑かけないでよ。
もっとちゃんと
やりなさい！
ご、ごめんなさい…
あ、あの、
ごめんなさい、
ごめんなさい…
ガシャ
もう、イライラ
するんだよ!!
はぁ…
私…
最低だ…

ス…
仕事とは、誰かを幸せにすること
その対価として、お金をきちんといただくこと
仕事とは、誰かを幸せにすること、か…
…私の仕事って、
誰を幸せにしてんだろ…
どれだけ仕事が好きでも、涙が流れてしまうときや…
どれだけ好きなことを仕事にしていても、悔しくて自分が嫌になることもある
これが私の「働く」ということなのだろうか？

ピピピピピピピ…
ピピピ…
…
はあ…
学校…行きたくないよ
誠は、学校でいじめられることが多かった
誠、なんだお前チョコなんか作ってきたのかよ
ばっ
あっ…
女みたいな趣味してんじゃねえよ
ぐしゃっ
あははははウケる
あ…

こいつ本当にバカだからな
ぴらっ
さんすう
にしがら まこと
もうすこしがんばりましょう
24
アハハダッセー
マジバカだ
…嫌だ、学校…
ぐっ…
ぎゅっ…
学校行きたくないよ、ママ…
小さい頃のバカって言葉ほど、あてにならないものはないからね
…
…おはようございます
…おはよう
…
しん…
…あ、学校だっけ？
はい
頑張って
…

ガタン
ゴー
学校、行きたくないなぁ…
とぼ
とぼ
小学校
はーー…
せんせーおはよーございまーす
おはよう！
誠くん、おはよう
え？
ま、舞ちゃんだ…！
?
もじ
もじ
あ、えっと…
お、おはよう

土尾の店――
…本当にそれは確かなのか？
はい
実際、本人に「金を貸してほしい」と言われた従業員もいたそうです
…もともと、お金に困っていると言っていましたから
…そうか
ただ、それだけではまだあいつが犯人だと決めるわけにはいかない
いえ、間違いないです
あのな
シェフ
なんだ？
ぎゅっ…

私には
理解できません
最近のシェフは
変わってしまった
ように思います！
変わった？
なぜ、もっと厳しい指導を
しないんですか？
昔のあなたなら厳重に
罰していたはずです。
それに、昔なら
こうしていたはず！
という部分が
たくさんあるように
見えます。
甘すぎませんか？
今回の件も、私には
明らかに……
上山
お前もいつか、
店を持てばわかる
何をですか
経営するってのは、
どういうことかを。
俺たちの仕事はな、
結局、人づくりの
仕事なんだよ
ショコラティエは
チョコを作る、
だが、俺たち、経営者は
ショコラティエという
人を作る。
それが
仕事なんだ。

うまいチョコレート以上に人が育つのには、時間がかかる
厳しいだけでは人は育たない
厳しさと、優しさ、その二つがないと人はついてきてくれない
しかし、そんなことしていたら、今のやつらはつけあがります！
…今回の事件だって
正直、私には店全体の心のたるみからきているように感じます
今回の件はまだ、社内の犯行だとは決まっていないだろ
でも
でも、じゃない。憶測で話すのをやめろ
しかし…
私にはむしろ、お前の最近の〝イライラ〟をこの件にぶつけているように見える
イライラ？
私のやり方に不信感を抱いているんだろ
そうだ
え

上山。
気づいていないと思ったのか？
お前が私に不審感を抱いている気持ちもわかる
えらく丸くなったな、と。
自分で新作も作っていないことに不満もある
だから、順番を入れ替えるなんて、
馬鹿げたこともする
…それは…
まぁいい
なにより、お前自身もこれからの未来に悩んでいる
少しでも早く、独立したいんだろ。
だから焦っているようにも見える。
…違うか？
…独立は、したいと思っています
だが、今のままでは、ダメだ。
いいか、物づくりは、人づくりなんだ
それがわからない間は、俺はお前の独立を認めない
…
はあ…
あぁ、そうだ。
それとな

この前の取材の件、受けることにしたよ雑誌の特集
え⁉ ほ、ほんとですか⁉
そうだ、お前と一緒に出よう。
いずれ、独立するときに、お前の看板にしたいんだろ？
え…
俺はお前のことを誰よりもわかっているつもりだ
いずれ独立したときに、あの雑誌でトップを飾るのはお前にとってもプラスになる。
だから、どうしても出たいんだろ？
…
子はいつか旅立つものだ。
応援している
ポンッ
…あ、ありがとうございます…
…条件？
ただな、一つだけ条件がある

出版社—
小林 ちょっといいか？
いいニュースと悪いニュースがある
まず、いいニュースから言うと…
さっき、連絡があってな、土尾シェフが我々の取材を受けてくれることになった
え！本当ですか!!
ほっ…
よかった〜っ
待て、小林。悪いニュースもある
…なんですか？
取材を受けるにあたって一つだけ条件がある
それが、小林。お前が取材に絡まないこと、らしい
…え？
ピクッ

土尾シェフが、どうやらこれまでのお前の行動に、強い不信感を持っているらしい
…っじゃあ、代わりにこの企画を誰が
…それがな、本間さんをご指名とのことだ
二人は元々同じマンションに住んでて面識があったらしい
そんな…よりによって
…わかったか？
私にやらせてください！
ガタッ
ダメだ。今回は、何ともならない。シェフ本人が、強く希望している
…なんとかならないんですか？私がここまでやってきたのに
それはよく理解している。ただ、今回は本間さんでいきたいと俺も思って…
なぜ？私がやったほうが、記事も絶対面白いものになります。
他の編集者なら百歩譲って納得できます！でも――
よりによって、本間さんに譲るなんて、ありえない！
横田さんはそう思わないんですか⁉
…今回は、思わない
なぜですか⁉

取材で一番重要なのは、相手との信頼関係
その意味で、お前は適任ではない。
それに、本間さんは、ああ見えて、取材記事に関してはクオリティが高い
だから、合理的に考えると、彼が適任だ
…横田さん。それが会社としての決定ですか？
ああ、
そうだ
だったら、
ギュ…
このチームには私がいなくてもいい。こう解釈します
…
…それでもいいですか
ああ。
そう解釈してもらって問題ない
…そうですか
…がっかりしました

「人に期待する」とは——
どういう意味だろうか?
君には期待しているよ
あの人は期待の星だから
期待の新人
仕事をしていると「期待」という言葉の意味と向き合わないといけない場面が必ず出てくる
〝期待〟
それは人を動かすエンジンにもなりえる
一方で、人は期待するから、ときに、裏切られ、ときに自らにも深く失望する

小林希が、失望した理由
それは、上司に期待をしていたからだ
厳しくも、いつも自分のことを理解してくれるはず。
そう思っていたからだ
だが、それは、適切な期待だったのだろうか。それとも期待のしすぎだったのだろうか
横田は自分のポジションを捨ててまで、彼女の期待に応えるべきだったのか？
それを求めるのは酷すぎるのか？
それは誰にもわからない

人は自らや他人に期待するから、
ときに育ち、裏切られたと感じるのだ

“

君の立場になれば、君が正しいし、
僕の立場になれば、僕が正しい

You're right from your side,
I'm right from mine

ボブ・ディラン

（米国のミュージシャン、1941年～）

Bob DYLAN

「One Too Many Mornings（いつもの朝に）」より

希の家――
ガチャ
…午後休とっちゃった
久しぶりだな、こんなゆっくりするの
そういえば、平日こんな時間に家にいることなんてなかったな
ホ…
ヴヴ
――小学校
!
…もしもし?
誠君の保護者の方ですか? …実は――
えっ…!?
いつもは言い返したりしないいんですけど
クラスの子と喧嘩になった、みたいで…
保健室
マー君
私が昨日いろいろ言ってしまったせいじゃ…
…
何があったの?

何もないよ
ふいっ
何もないわけないでしょ
…
なにか悪いことしたの？
ちがう！
ばっ
じゃあ、やっぱり何かあったんでしょ
…何でもない
そう…
とりあえず、お母さんには連絡しといたから
心配しないで、って
…
…帰ろうか
ほけんだより
今月の もくひょう

…あのね
うん？
ママのことを、悪口言われたんだ
だから、絶対許せなかった
…そう
でも、
何もできなかった
…希さんは、嘘つきだね
だって、僕には何もないもん
勉強も、運動も、喧嘩も、やっぱりダメなんだ
そんなことな…
僕なんか

僕なんか、
生まれてこなくて
よかったんだ
…っ
私も…
私も、
わからない
でも、
きっとね、
きっとだけど

大事なもののために
戦うのは、
無駄じゃないよ
…ね、
マー君さ、
チョコ食べに
いこうか
え？
日本で一番
高いやつ。
好きなだけ
食べていいよ
えっ…！

ここのショコラ、
とびっきり
高いのよ
高級チョコレート店
「Maison Premier」
知ってる？
これ1粒、
1800円！
うわー！
お金持ちだ！
まぁ、
今日はトクベツね
いただきます！
…ショコラって、
魔法みたいだね
食べると、
幸せな
気持ちになる
!

…マー君さ、
私があなたみたいに小さいとき、
実は、バスケットボール選手になりたかったの
えっ？
でも、最初はね、本当に下手だった
そのときはまだ体もこんな小さくて、
そう、あなたよりも小さくて、スポーツもできなかった
でも、その分、
誰よりも一生懸命努力して、遅くまで練習した
そしたら、背が伸びた頃からうまくなっていって、レギュラーになれた
その後も必死に努力して、他の人よりも上手になった
でもね、
どうしても一人だけ敵わない子がいたのよ

その子は、県選抜にも選ばれて
プロにもなれるんじゃないか、と言われて、抜群にうまかった
一人だけ格が違かったの。わかる？
かく？
そう。レベルが高かったということ
その子は私の隣の学校に通っていたんだけど、とびっきり上手だった。
彼女のプレーをはじめて見たとき、私は、気づいたの
「あぁ、努力してもどうしても敵わないものもあるんだな」って
圧倒的に才能が違った
なんでも一番になれるなんて嘘なんだな、ってね
…うん
だけど、これは後から聞いたんだけど、

その子は、その後もプロを目指して頑張って大学に入った
でも、そこで怪我をしちゃって、夢を諦めざるを得なくなった
そして、そのあとは、
どうなったか誰も知らない
…かわいそう
そうね
…一方で、私はね
高校でバスケをスパッとやめて、
そのあとは、好きなことだけして遊んでいた
給料
JAPAN
今の私の仕事観を作っている
自分の好きなことを知った
だけど、そのとき、自分の目で見た風景や経験が、今の仕事を決定づけたの
旅行しているとき、私が何が一番好きだったかというと、
いいホテルに泊まるとか、観光地に行くとかではなくて…
現地の人の話をじっくり聞くことだったの

自分とは、ここが違うな、とか、面白いなって話を聞いた経験が一番記憶に残っていた
だから、そのとき、これを仕事にできたらいいのに、と思った
それが私が、編集者になった理由
編集者の仕事ってのは、まだ見つかっていない原石を見つけ出し
その魅力を本人に教えてあげて、世の中に届けることだから
！
でも──
…その夢も今、破れかけている
どうして？
どうしてだろ…。わからないね
はぁ…
あのね、希さん
ん？

ずい
僕にできることある？
できること？
なんでもするよ、僕！
力になりたい
…
ああ、人の魅力って、なんだろう
自分が辛いときでも、それでも誰かのことを優先し、優しくなれる。
…ありがとう、その言葉だけで十分だよ
私はなんで編集者になったんだっけ
それが、この子の最大の魅力なのだ
私は、こういう人の魅力を伝えるために、編集者になったんじゃなかっただろうか？
マー君。
もう一つ、食べようか
うん！
何が食べたい？
一番高いやつください！
ぱあっ
…

ぷっ…
久しぶりに
思い出した
自分が、
就職活動のとき
話した話
あのとき、私はもっと
ピュアに、この仕事の本質に
向き合えていた気がする
私がもしも、
再び頑張る
理由があるとしたら、
この仕事の
本質に立ち返る
ことしかないのだと思う

出版社─
横田さん
今回の特集、本間さんに譲ります。
ただ私のほうが絶対いいものが作れる
その気持ちは変わっていません
しかし、言っただろ。今回は、土尾シェフがNGだと─
わかってます
だから、私は今回、サポートに回り他のページを担当します
やっぱり、この雑誌は自分が企画したものです。
どんな形でも力になりたいです
バサッ
これ、使ってください
…
小林 希
いや、ダメだ
今回の特集に、小林、お前は全く関与しないでくれ
…なぜ？
本間さんが、もし小林が少しでも関係するなら、メイン特集を差し替える、と言っている
しかも、相当、怒っているようで、絶対に意見を曲げないと言っている

でも、私が育てたブランドですよ!?
私が企画して、この3年間で育ててきました。本間さんの邪魔はしません
そんなことはわかっている。だが、会社はお前の私物じゃないんだよ
でも
でもじゃないんだよ、小林。お前は遅すぎたんだ、変わるのが
そんな…私がゼロから育てたのに
…小林、小林さ、
いい加減、大人になってくれよ…
俺はお前が目指しているものや、この会社で目指していることも理解しているつもりだ
女性だろうが、男性だろうが、関係なく、実力のあるものが評価され、上に立つ
そんな会社を少しでも作りたいんだろ?
…はい
それが、この会社にとっても必要であると信じている
それに、俺は俺なりに、サポートしてきたつもりだ
だが…
あまりに、今のお前は自分勝手すぎる

いいか、お前は
才能がある。
それはたしかだ
ただな、お前は、
ジャスティン・ビーバーでも、
テイラー・スウィフト
でもない
なんでも
許されるほどの
〝天才〟じゃない
あるいは、
スティーブ・ジョブズでも、
ビル・ゲイツでもない、
自分がやりたいことを
全て決定できる
創業者でも
ないんだよ
それぐらい
わかってくれよ…
…
…正直、お前の
異動も考えている
え？

なぁ、小林、お前はなぜ、そこまで〝早期〟の出世にこだわる？
それは…、やっぱり私は希望を作りたいんです
横田さんが理解してくれているのもわかっています
でも、私は後輩の期待を背負っているんです
私がもし出世できないと、彼女たちの希望はないんです
その期待ってのは…本当なのか？
お前のエゴじゃないのか？
それは本当に皆が求めているものなのか？
！
それは…
わかりません
わかりませんが、でも…
誰かが勇気を持って、変えない限り、
世の中は絶対に変わりはしません
…小林

厳しいことを言うようだが、うちの部署に居続ける限り、出世の道はない、と思ったほうがいい
本間さんだけじゃない。他のメンバーも、今回の件を受けて、正直、
このチーム、いや、お前と一緒に働きたくないと言い始めている
…出世に響くからだよ
だから、二つの道があると思っている
一つは、お前自身が変わり、本間さんにも謝り、うちの部署で働く
もう一つは、違う部署に異動すること
え？
どちらかを選ぶんだ
そんな…

じゃあ、本当なのか？
…
…はい
沙織
お前が本当に盗んだのか？
誰かをかばってたり、してないか？
…いえ
本当にお前が？…なんでなんだ？
教えてくれないか
…
だって…
どうしてもお金が必要だったんです
ピク
お金って…
ちゃんと給与も渡しているだろ!?
そうですけど…私だって、もっと遊びたいし
いろんなものが買いたかったんです。
欲しいものだって、たくさんあるし
…それだけなのか？
…シェフ

SALE
シェフは、もうたくさんお金も持っているからいいかもしれないです
でも、私たちは、こんな少ない給料じゃ、欲しいものも買えない
欲しいもの、って…
給与が…安すぎるんですよ
…給与が安すぎたら、お金を盗んでいいのか？
―それは…
…沙織。申し訳ないが、私は経営者として…
え？
お前をこれ以上、雇い続けることはできない
辞めてもらう
え…どういうこと、ですか⁉
自分で今日辞めるか、それができないなら、すぐに解雇するしかない。
今日中に辞めたら、自主退職扱いにする。でも、明日以降なら解雇だ。
今すぐ、どちらか選んでほしい
そんな…。なんとかなりませんか？
ならない

そんな
急に…
困ります！
来月だって
お金も必要だし、
カードの支払いも
あるんです
お願いです、
もう一度だけ
チャンスをください！
…無理だ
そんな…
お願い、します。
お金もちゃんと
返します。
だから…
ぎゅっ…
…
そっ…
諦めてくれ、
沙織
俺は、お前の
将来まで
壊したくない
…これが、
俺ができる
ギリギリのことだ
…シェフ、私、
思ってたんですよ

…なんだ？
…家族だ、って。
私たち、家族だと思っていたのに
え？
家族なのに、こんな簡単にクビにできたりするんですね
パ
サッ
沙織…
〝家族〟？いったいそれは、なんなのだ？
お金を盗むことを許すのが、家族？
そうだとしたら、あまりにも身勝手な言葉だ

お前が盗んだお金は、お前が「家族」と呼ぶ仲間たちが一粒一粒作って得たお金だ
お前が奪ったのは、単なるお金じゃない
皆の結晶なんだ
沙織…
家族だと思ってきたんだ
私だって、お前のことを…
心から…

本間さん、遅くなってすみません
いえいえ、むしろ、ありがとうございます。お忙しい中
お店のほうは大丈夫でしたか？
…一件、どうしても緊急のことがありまして
もう問題ありません
…
では、始めましょう
経営するということ
職人として生き続けるということ
それはいったい、何と向き合うということなんだろうか？
パシャ
パシャ

私たちは常に、残酷な事実と、華麗なる事実の両方を突きつけられることがある
どれだけ、大事だと思っていた仲間でも、いずれどこかで別れは訪れる
心が深く傷つく日もある
だが、そんな日でも、私たちを求める声は、どこかから聞こえてくる
その声は、勇敢に戦う姿を求める
もう何十年と繰り返してきたはずだった
それでも、まだこうやって、心は痛む

「この世界で優しくありつづけたい」と、私たちが思う限り
話題の本
Ahhha
特集
土尾シェフ
インタビ
……

“

大切なのはどの道を選ぶかではなく、
選んだ道をどう生きるかよ

――――

ブリジット・バルドー

（フランスの女優、モデル、歌手、動物保護活動家、1934年～）

Brigitte Bardot

姉・真奈美
…で、諦めたってわけ？
…いや、まだ諦めては―
でも、出世もノーチャンス。
自分で作った特集も、取られちゃったってわけでしょ？その狸に
…まあ
おまけに、信頼してた男にも、見限られたって。完全に終わってんじゃん
その言い方やめてよ
でも、今回は不可抗力だったのよ
は？マジで？超ウケるんだけど
なにが
はあ…希さ、あんた、相変わらず頑固だねー。
はっきり言うけど、
あんたは、負けたのよ、負け。いいかげん、認めなさいよ
負け？
そう。負けたの。あんたは、完璧にね

まだ負けたとは決まってないでしょ
なーに言ってんの
いい？私は今、100名の部下がいるんだけど
リーダーの本当の価値ってさ、
耳が痛い事実も、受け止められるか？でほとんど決まるのよ
働いていると、耳を塞ぎたくなるような事実も、意見もたくさん出てくる
だけど、リーダーの役割ってのは、負けも勝ちも含めて、素直に向き合えることなのよ。
じゃないと、人はついてきてくれない
特に、多国籍だとね
…でもここは日本だし
う…
はぁ？
なに、ガンコちゃんみたいなこと言ってんのよ
どんっ
あのさ、〝特別〟なんてないのよ
特別？
ガンコちゃん…
そ何よ…
今のあんたは、たとえるなら…
じっ…
そうねぇ

「クソ男に捕まったまま
ずるずる別れられずに
〝損切り〟できない
20代の女」って感じ
ズバッ
マジか
あんたの中の
〝ガンコちゃん〟は、
やっぱり、自分の
場合だけは
〝特別〟だと
思っているわけ
他のみんなとは違う、
〝私だけ特別〟ってね
…う
だけどね、
そんなことはない。
たとえば、その先輩にも
別の側面が
あるわけよ、本当は。
あるいは、取締役にも別の
側面があるし、横田さん
だってそう。
あんたは自分だけ、
特別だと
思っているでしょ
私は〝特別に〟
頑張っているから、
そんなこと言って
ほしくなかったって。
女子が落ち込む理由の
99％はこれね。
私の統計上
とにかくさ、私は
日本の女性特有のそういう
ところが嫌いだから、
アメリカに行ったの
なんでわかってくれないの!?
こんなに毎日
がんばってるのに
なんで認めてくれないの!?
「自分だけ、こんなに
頑張ったのに、
その裏側の
努力も理解してよ」ってね
知らないよ、
そんなこと
鬼かよ

あんた、それちゃんと自分で言ったの？アピールしたの？伝えるように言ったの？って
「察してよ」じゃないっつーの！
じゃなきゃわからないわよ。マジ、うんざりする
それは、たしかに私が普段言ってるかも…
それ、会議の場でいいなさいよ
え…
でしょ？
ぐっ…
あんたの今の働き方は、業務委託、つまり外部の人みたいな働き方。
結局、人を見ていないのよ
そして、人を見れないと成長はないいね、
わかる？
…希、あんたさ、出世したいんでしょ？
ごくり…
う、うん…
出世は目的じゃない、手段
これ基本
結局、今のあんたが上に立っても、ゼッタイに女性社員はついてきてくれないいね、100％
だって、耳が痛い事実を素直に受け入れる心の器がないいもん
ズーン
ズズーン

負けを認めなさい、負けを。
あなたは、明確に、"負・け・た"のです
フフフ…
ぐぬ…
なんで楽しそうなの
つ、つらいです…先生
つらいのはあんただけじゃないから
ド正論すぎて何も言えん…
真実は耳が痛い…
ズウウウン
あとさ、
その横田さんって人、いい上司じゃん
誰もが、あんたみたいに「自分が信じるものに一直線」ってわけにはいかないの。
清濁併せ呑みながら、生きているの。わかる？
コッ
はい…
以上！
スッ
じゃ、帰るわ
えーと電車の時間は…
ちょ…
えっ？
誠、帰るよ
くるっ
う、うん！
ホラ荷物まとめて～
ちーーん
自由な人だな…
我が姉ながら

希
誠のこと預かってくれてありがとね
助かった
どういたしまして
あ、あの、
また会いにきてもいいですか？
もちろん
ピコン
ああは言ったけど、私はあなたのことを尊敬しているし、一番応援してる。
希ほど、強い想いを持っている人はいない
お姉ちゃん…
私はあなたとは違って、ただ器用なだけだからさ〜笑
…
く真奈美
だけだからさ〜笑
こっちも話聞いてくれて助かった。
ありがと
トン
…本間さんにも別の側面がある、か
ぽすっ…
私は、その意味を本当に理解しているのだろうか…？

ねえ、誠 希との暮らしは どうだった？
すっごく 楽しかった！
そっか。よかったね
誠さ
学校で、喧嘩したんだって？
！
…ごめんなさい
謝らなくて いいよ
ママのために 怒ってくれたん でしょ？
希から きいたよ
それに、チョコは 好きなように作って、
ただ、ママが知りたい のは、どうして、そんなに、持っていきたく なったのか？ってこと。
だって、学校に 持っていっちゃ ダメってルールは 知ってたでしょ？
じゃあ、どうして？
もし本当に持って いきたかったら 持っていきなさい、これからも
かあっ
…誠、もしかして…
…
はっ

好きな子でもできたでしょ
へ？
そうでしょ、それでその子に好かれたいと思って作ったんじゃないの？
ニヤ～…
え？　いや…ううん、違う、え、いや、違うよ！
ふぅ～ん、で、どんな子なの？
…えっとね…、
ごにょごにょ
明るくて、みんなに優し
かぁ…
ふーん、何ちゃん？で、チョコは渡せたの？
ずずいっ
その子、可愛い？もうデートしたの？
かぁぁっ
はずかしいよ～
ゴメンゴメン
かわい～
チョコを作るというのは、不思議だ
“作る仕事”にはいろんな側面がある
あるときは、それが見知らぬ誰かを幸せにするために
あるときは、生きていくための職業
そして、あるときは、自分の気持ちを表現するためになる
…ねぇ、誠

誠にとって、
チョコを作るってのは、
どういうことなの？
今度、教えてよ
僕にとって、
チョコを作る
ことって、
どういうこと…？
…？
ざわ

君の胸から出たものでなければ、
人を心から動かすことは断じてできない。

You'll never speak from heart to heart,
unless it rises up from your heart's space.

ヨハン・ヴォルフガング・フォン・ゲーテ

（ドイツの詩人、劇作家、小説家、1749年〜1832年）

Johann Wolfgang von Goethe

カフェ―愛子とランチ
本間さんって、意外と男性の後輩からは評判いいですよね
へ？そうなの？
後輩の面倒見がいいらしくて。
特に仕事についていけないような…、言い方は悪いですが、
いわゆる落ちこぼれの後輩には、夜遅くまで残って、教えてあげているらしいです
へー…
でも、それって〜
いかにも〝男性のコミュニケーション〟って感じですよね
密室で決める、っていうか
密室、ね
一理あるけど…
でも、結局、それって私たちも同じなのかもね
密室が好きなのは、どちらも一緒じゃん
そのやり方が違うだけ、っていうかさ
…
ボソッ
…〝世界の裏側を見よ〟、か
え？
？
あぁ、昔、私が好きだった雑誌のテーマだったの
「世界には、表と裏がある」
その裏側も自分の目で見なさい、っていう意味

…あのさ、なんで、うちの会社って、女性の管理職が少ないと思う？
たしかに、少ないですよね
そう、なんでだと思う？
さぁ…なりたいって人も少ないんじゃないですか？…私もうちの会社では、出世したいと思ったことないですし
…なぜ？
だって〜、大変そうじゃないですか！
そりゃ、希さんぐらいカリスマ性があったら別ですけど
私みたいな普通の人間は、なった後のほうが、大変そうって
はぁ―…
そ…
そう？
そうですよ、絶対！だって、女の出世なんて、妬みや、嫉妬ばっかりじゃないですか
だんっ
そこまでしてなりたくないです、私。
…そんなもんなんだ
出世とか興味ないんですよね
だから、女性の管理職の数を上げようとかって話、あるじゃないですか？
どうでもいいんですよね、本音を言うと

それより、自分の力で
生きていく力を
身につけたいって
いうか…
私にとっては
そのほうが大切です
…なるほどね
はい
なった後のほうが
大変そう、か。
これだけ女性の
社会進出が
うたわれるなかで…
もし、
それが本当なら
悲しいことだ
皆がもし
そう思っていたら…
だったら…
私は？
これから
どうすれば
いいのだろうか…？
ぎゅっ…

土尾の店ー
沙織が辞めたことで新しく従業員を雇うことになった
上山
…今の人はどう思った？
僕は、採るべきだと思いました
人が足りません、現場は困っていますしー
どうしてだ？
あのな、上山
これからお前も店を開く際に、人を採ることの重要性に気づくだろう
その際、一つ知っておいたほうがいいことがある
もし迷ったとき、人が足りないから、という理由だけで採ろうとするなら
その人は、採らないほうがいい
反対に、人が足りているから、という理由だけで、採らないなら、その人は採ったほうがいい
迷ったら…
…参考にします
覚えておくように
…はい
…あの

なんだ？
最近、シェフは私に色々教えてくださいますよね
ああ
大変ありがたいと思っています
ただ…
私には、正直、なぜ、そこまでシェフが私によくしてくださるのか…
意図がいまいちわかっていません
私は近いうちに独立するかもしれない…
それを知っておられるのに
あのな、上山
まだ気づいていないが、今、お前はキャリアの分岐点にいるんだよ
分岐点…？
そうだ
お前ははっきり言ってしまえば、ナルシストだ
よく言うなら、〝華〟がある。
だからこそ、あまりに自分の〝華〟ばかりを見すぎてしまうことがある
しかし、持って生まれた〝華〟だけで、勝負できる時間は短い
華だけで勝負できる時間？
そうだ、華とは、人を惹きつける、持って生まれた魅力だよ

舞台や芸能の世界で〝華がある〟という風に表現するだろ?
華があることは、仕事において、明らかにチャンスの幅を広げてくれる
…例えば、な
目の前に列車があったとしよう。
その列車に乗るには、チケットを買う必要がある
普通の人は、そのチケットを買うためにたくさん並ぶ。ずーっとな
だが、華のある人間は特別なチケットを得ることがある
開けてくれる人が中から現れ、こう言う、
〝君はこっちから入りなよ〟と
だが…
そのチケットの消費期限は短い
華のある人間は、特急のチケットを手に入れることができる
お前もそうやって得してきたところがこれまであるだろう?
…消費期限…
ショコラもそうだろう?見た目がよくて、華があるショコラは売れる
なぜかというと、ほとんどの人は、
華があるだけでうまくごまかされてしまうからだ

味なんてすぐにはわからない
ただ、そのブームが長く続くか？
…いえ
ずっと愛されるショコラは、中身も伴っています
そうだ。なぜなら、中身は嘘をつかないからだ。
華があろうが、なかろうが、お前自身の中身で勝負するしかない
だが、華だけで勝負してきた人間は、その力を身につける努力を、おろそかにしてしまうことがある
あるいは、他人をバカにしてしまうことがある。
しかし、もしそうなったら…
お前は一生、本物になれずに終わる
ぞ
お前は一過性のブームで終わる。私はそういう〝ただのイケメンシェフ〟を山ほど見てきた
お前にはそうなってほしくない
くっ
!

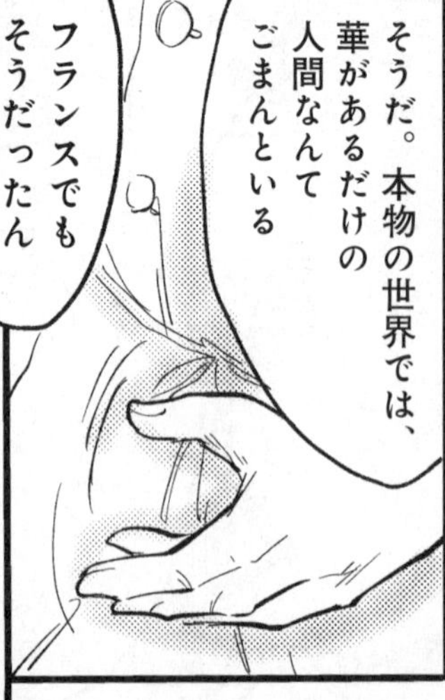

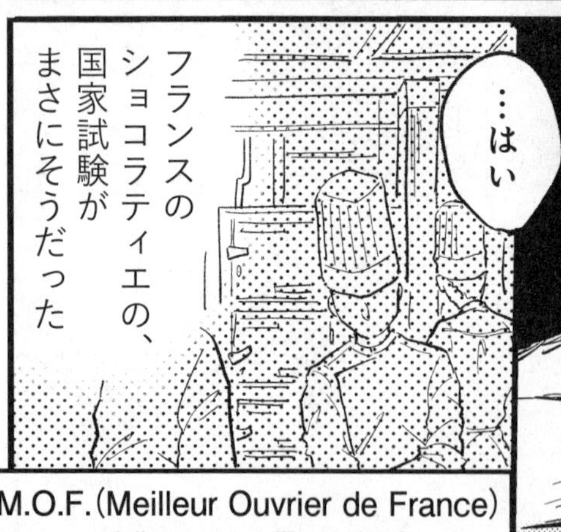

M.O.F.（Meilleur Ouvrier de France）
フランス文化のもっとも優れた継承者にふさわしい、高度な技術を持つ職人に授与される称号。レポート審査や厳しい実技審査によって決められる

たしかに、自分だけが認められればいい、という人間は
実際の現場でもチームプレイができないとみなされました
そんな職場で作ったチョコが美味しいのか…と
そうだ
本場では技術だけではなく、ショコラティエ自身の人間性も厳しく見られる
何度も言うが、
物づくりとは、人づくりなんだよ
物づくりとは、人づくり
シェフから何度も聞いてきた言葉だ
でも俺は、本当にその意味を理解しているのだろうか…？

居酒屋
部署異動の件ですが、もう少しだけ時間をください
わかった。ただ、できるだけ早く教えてほしい
わかりました
営業中
…それで話ってなんだ?
あの…ちょっと変な質問していいですか
変な質問?
横田さんは、人に嫉妬したりしないんですか?
嫉妬?
ええ。たとえば、私や周りの女性に
全くしないな
うーん…
…即答ですね
あぁ
何でですか?
何でか…、なぜだろうな。考えたことがなかったな
まず、俺はお前にはなれないし
他の場所もいくらでもある、と思っているからだな
他の場所?
あぁ、俺はずっと転職を考えていたんだよ
20代、30代の頃、仕事が苦しいことが多くてな
ほぼ毎週のように、俺、転職したい。できるのかな? とか無駄なことばっか考えてた

まあ、危機感と不安だよな
だから、自然と、自分に力がつくように必死に生きてきた
結果的に、目の前の仕事に集中して、成果が出るようになって、
社内でチャンスがあったから、残り続けたけどな
…
だから、仮にお前が俺よりも出世して、俺と敵対するライバルになっても
俺はまぁ、他の場所へ行けばいいかな、って思えるんだよな
いわゆる〝選択肢がある〟ってやつですか
まぁな
でも、それだと、他の出世している男性も同じですよね？
彼らも嫉妬しなさそうですけど…
どういうことだ？
だって、実際は、自分もそこそこ出世している人でも、他人に嫉妬したりしますよね
そうだな、確かにな
…多分だが、俺は〝作りたいもの〟があるからじゃないかな
作りたいもの？

俺はな、本当は、起業家支援の本が作りたいんだよ
え？そうなんですか
でも、起業家支援の本って、金にならないだろ？
だから、出世してから自分が作ろうと思って、頑張ってんだよ
ま…それは些細な夢だけどな
夢…
…さっきは、俺には嫉妬心がない、なんて言ったけどさ、
厳密にはさ、俺にも嫉妬心はある
でも、それ以上に、作りたいものがあるから、
そのことを考えると、他にやるべきことが山ほどあるって気づく
普通は逆なのかもな
逆？
そうだ
ほとんどの場合はさ、働いている人は、
実際には、作りたいもの、やりたいことなんてないんだよ
だから、自分のそれ以外の部分、〝装飾〟が気になる。
どういう会社に勤めているとか、どれぐらい出世したとかさ
だから、出世や肩書を気にするしかないんじゃないか

たしかに…
だけど、作りたいことや、やりたいことがあったら
それを作るって本当に苦しくて、絶望的に孤独な戦いじゃないか？
俺たちの場合、作家や職人を相手にしているからこそ、
…わかるだろ？
はい
彼らは本当に孤独の中で戦っている
でもさ、俺みたいな普通の40代が掲げる〝ちっぽけなやりたいこと〟でも
それを実現するには山ほどやらないといけないことがある。
だから、嫉妬している暇なんてないんだよな。小林さ、
！
『拗ねると黙る』って本、知っているか？
いえ
昔、『話を聞かない男、地図が読めない女』ってベストセラーあったろ？
あれみたいな本だよ
なにか不快に感じることがあったとき、男は拗ねるんだよな。そして、女は黙るんだよ

だから、『拗ねると黙る』。
結局、同じ。
そんなこと書いた本だよ
面白そうな
本ですね
小林のほうこそ
嫉妬したり
するのか？
しません
そうか
…姉以外には
姉？
そういや
少し前に
言ってたな
ええ、5つ上で、
外資系に勤める、
ザ・できる女って感じの
私ができないことも
すらすらーと
やっちゃう感じの
小さい頃から
とにかく器用
なんですよね、あの人
私が十かかって
できたことも、
一ぐらいで
できちゃうんですよ
あと、旦那も
イケメンですし…
ボッ
はぁ…
ぶはっ
ちょっと!!
なんで
笑うんですか
いやー
…お前のそういう
部分、初めて
聞いたからな
悪い
悪い
とにかく、私は
姉には勝てない、って
今でも思っています！
小さい頃から
ずっと
コンプレックスでした

でも、人って面白くて
姉もまた、私には勝てないって思っているらしくて
まっ私の方が要領いいけどねっ
ないものねだりってことか
ほー……
ええ、彼女は私に、私は彼女に嫉妬している
…俺はさ、たまに思うんだけど、編集者なんて、嫉妬の世界の縮図だよな
どういうことですか？
普段、仕事で天才たちと対峙（たいじ）しているときは、俺たちは嫉妬なんてしないよな
作家に嫉妬するか？しないだろ？
でも、社内の才能のある若手がいると嫉妬して、猛烈に足を引っ張ったりする
!!
本当っっ、そうですよ!!
ガタッ
私が嫌なのはそれですっ!!
おちつけ!!
わかった、わかった
でもさ、これって、別に編集者の世界だけじゃないんだよな、結局
どんな世界でも同じ。例えば学校の部活だってそうだろ？顧問の先生は違う学校の生徒は、手放しで褒めたりするのに、
自分の身近な存在は、なかなか認めない
普通にあるだろ？そういうの

結局、俺たち男ってやつは
本当、仕事となると、器が小さいんだよな
はー……
…自分で言っていて、自分が情けなくなったわ
もっとさ、身近にいる、〝お前みたいなやつ〟を
素直に認められたらいいのになぁ
その顔は、現実的な世界を見すぎたからこそ、
いい意味で疲れた、中間管理職という表情だった
横田さんにも、いろんな面があるのかもしれない
……
ごちそうさまです…
なんで横田さんなんでしょうね
ポク…
は？
？
私が、唯一尊敬できる上司
おい今ぜったい俺に失礼なこと考えてただろ
私は、なぜ、彼を尊敬できると思うのだろうか…？
スルドい…
いえそんな全然まったく…

土尾の店──
上山さん、あの子、またきてますよ
え？
あの子、ですよ
はぁ…
…またか。わかった
こんにちは
また来たのか
はい
置いといて、そこに
誠は作ったチョコを定期的に上山に渡し味をみてもらっている
どうした？食べとくから、置いといて
えっと…
なに？今忙しいんだよね
あの…
ごめんなさい…
物づくりは人づくり
人を育てる、か
…
ぱっ

誠くん、ごめん
え？
いいよ、どうした？話してごらん
あの、実は…
今度、チョコをあげたい人がいて…
チョコをあげたい？
はい
誰に？
…
同じクラスの…舞ちゃん
ま…
舞、ちゃん？
あの…僕…
舞ちゃんに、特別なチョコレートを作りたいんです！

小学校―体育館
舞！
部活終わったら俺らと一緒に帰ろうぜ
いいよ
そーだ、舞
今度、新しくできたカラオケ行こうぜ
考えとく
なんだよそれ
部活が暇だったら行くよ
にっ
話しかけたいのに
えーぜったいムリじゃん
いつなら行けんだよ
こそっ…
しゅん…
今日もこ、声かけられなかった…

…なるほどな
は――…
それが、君が好きな舞ちゃんか
はい…
う――ん…
要するに高嶺の花ってことか
あき
みんなの人気者って意味だよ
まい――!!
ぎゅっ…
…
なるほど…恋、か
好きな子のためにショコラを作る、か…
…いい響きだ
どうしても…渡したくて
…
…わかった

作るか！
とっておきのスペシャルなショコラを
舞ちゃんの心がとけるような
！
ありがとうございます！
それで、作りたいチョコはあるのか？
はっ…
…そうか、
つくりたいチョコレート！
フランボワーズのガナッシュ！
カサ
すごいのを選んだな、君
ニっ
あの、これです
ス…
チーム・上山の結成だ！

人には
いろんな側面がある
…
私は、なぜ
私はなぜ、横田さんのことは尊敬できるのだろうか？
おそらく、彼が、
彼が、フラットな存在だからだろう

自分は自分、他人は他人。
それでいて、大事なときは、目を見て話してくれる
そういう人だからだろう
それでも、彼ですら、
会社の前では屈してしまった。
あのときの私の怒りは、今考えれば大人げなかったのかもしれない。
彼は彼なりに私のことを思ってくれていた
にもかかわらず、あのときの私は自分のことしか考えていなかった
たしかに、自分だけ特別、だなんて思っていたのかもしれない

見てほしい、
わかってほしい。
…
だって、あなたは私を
知っているでしょ？
だって、あなたは私の
そばにいるからって
そうやって勝手に、
期待をして、それに裏切られたと思う
…昔の私は、恋愛でもそうだった
だけど、そんな自分が嫌だから、他に自分を
支えるものが欲しくて
仕事に熱中したんだった
だったら、
本当に必要なのは なに？

私たちは、誰かの力になりたい、
という気持ちで動く
それはこれまでずっと
私にとっては、後輩だった
自分の後輩のために、なんとしても、出世して、
彼女たちの頑張りがきちんと
正当に評価されるようにする
それが作りたかった
でも、いま、
立ち止まり思う
私は誰のために
働くのだろうか？
ばっ

土尾の店
全然違う!!
もう一回
やりなおし!
ご、ごめんなさい!
びくっ
いいか?
この作業は「乳化」と
いって、
ここをちゃんと
やらないと、あとで
パサパサした食感になって
チョコが台無しになる
カシャ
チョコレートの工程に
〝ほどほど〟はない
すべてのプロセスに
気を配らないと本当に
美味しいチョコレートには
ならないいんだ!
…そう、
いい感じだ
上山
少し出てくるから
あとは頼むよ
はい

出版社――
横田さん、結論を出しました
私、今回の出世は諦めます
え？
今期の昇格は、諦めます
…そうか、わかった
ただし、
一つだけお願いがあります、横田さん
なんだ？
あなたが出世してください！
俺が、出世？
はい、私はそのためにあと一年頑張ります。
そして、私を引き上げてください
は…？

どういうことだ？
私、考えたんです
やっぱり、私は、年齢や性別に関係なく、チャンスが与えられるようにしたいと思っています
そして、それはこの会社だからこそ作るべきだと確信しています。だから…
若い子たちだけの部門を作らせてください
若い子？
子どもがいても、独身でも、年齢関係なく働ける部署。
それを作らせてください
そうです。年齢制限を設けた部署
そこには、役職はありません。誰もが自由に仕事できる
ちょ、ちょっと待ってくれ、
俺はいまいちよくわかっていない
もちろんです。今から説明します

…なるほど。確かに面白いな
しかし、それはできるのか？
できるかなんてわかりませんよ
やるしかないんですよ
何がおかしいんですか
いやぁ、悪い。
いつもの小林らしくなってきたなって
…俺はお前の考えに共感するよ。
俺が作りたい起業家支援とも考えが近い。
社内でも、一旗あげられる人間は重要だ
ありがとうございます
ああ、協力する
ただし…
一つだけ、その前に絶対に避けては通れないところがある
これは俺からお前への上司としての、唯一のアドバイスだ
本間さんとの、軋轢だ
この提案をやる前に、小林、お前自身が本間さんとしっかり話したほうがいい。
いや、話し合わないといけない。
それだけが条件だ
…わかりました。ちゃんと、向き合います

ウィン…
いらっしゃいま…
!
沙織
…元気だったか
…お前が、新しい仕事場を見つけた、と聞いてな
これ、新作だよ
…楽しみにしてただろ
…か、
…帰ってください
ああ、すぐ帰るから
私…今、心を入れ替えて、頑張っているんです。ここで
ピクッ
そうか
それは良かったじゃないか

…やめてください、
押し付けがましいのは
…違うんだ
違いませんよ！
どうせ、
…どうせ、私のこと
見下しにきたんでしょ
もう、来ないで…
…前に、お前が
「家族だと思ってた」と
言ってただろ
それがずっと
気になっててな
…
いい出来だから、
食べなさい
じゃあ、
帰るよ

沙織へ
お前は過ちを犯した。
それは絶対にダメなものだ
しかし、
人は、変われるんだよ
…！
また、いずれ、自分に誇りを持って
会えるようになったら、
店に遊びにきなさい
土尾

Happy Birthday
自分がどれだけ浅はかだったか
自分がどれだけ甘えていたか
…っ
自分のことを、どれだけあたたかい気持ちで見ていてくれていたのか
私は、気づいていなかったのかもしれない
…すいません…
すいません、シェフ
…美味しい…美味しい、です
…ありがとうございます…

いきなり何の用だ
こっちは忙しいんだよ
すみません、どうしても話しておきたいことがあり…
あぁ、そうか。俺はないけどどな
…
…私たちは、同じ部署で働いていますよね
はぁ？
私たちは同じチームで働いています。
それは確かですよね？
何の質問だ？これは？
少しだけ、教えてください
…そうだな
まぁ…そうだ
だったら、同じ目的を持っているはずです。本来は
でも、正直、うまくやっているとは言いづらい。
どう考えてもそれは事実です。これは認識は一緒ですか？
まぁ…うまくはいっていないいな
本間さんは、私のこと嫌いですか？
…は？

嫌いですか、
好きですか？
ジッ
…嫌いだね、
俺は
何なんだ
コイツ
そうですよね
へ？
私が本間さんでも
そう思う気がします
では、横田さんは
好きですか？
は？
さっきから
一体何なんだ
いいんです、少しだけ
教えてください。
横田さんはどうですか？
横田君か…
まぁ…
彼はいいやつだ
つまり、
好きですか？
ワケが
わからん
まぁ…
そういうことに
なるな
ポリ
私、
思ったんですよ
今回、本間さんに聞いて
みたいことや、
知っていることをメモ
してみました
ス…
…
それ、わざわざ
作ってきたのか？
はい
…
それで、
気づきました。
私と本間さんは…

共通点が全くありません
な…
作りたい雑誌も、年齢も、性別も、生まれも、全然違う。
だから、わかり合うなんてできない
だけど、唯一共通点があるとしたら
同じチームで働いていることと、上司に恵まれたということぐらいかな、と
上司…横田君か
だから、もし、私たちが協働できるとしたら、
チームで成果を挙げて、横田さんを出世させる、
それぐらいしかないんじゃないかなと思いました
私は思いますが、横田さんはフラットな人間です
きっと、彼が出世すれば、本間さんも、私もやりたいことができる、
そう思いませんか？
…
今さら、私と仲良くしてくださいなんて言いません
でも、同じチームで働く事実は変えられません
だったら、何か一つでも共通の目的があったほうがいい。そう思いました。
本間さんはどう思いますか？
どうって…、
まぁ

それぐらいなら、な…
にっ
もう一つ、どうしても聞きたいことがあります
？
本間さんが、一番やりたいことです
俺がやりたいこと？
はい
以前、あるメンバーから、本間さんは、部署関係なく
後輩に仕事を教えてあげている、と聞きました。利害関係なく
私は、その話を聞いたとき、そのことを全然知らなくて、
素直にすごいと思いました
なんでだよ、そんな大した話じゃない
だって、私はそんなことしたことがないから
私は自分の部署を超えてまで後輩を教えたことはありません。
それで思ったんです
なぜ、本間さんはわざわざ、そんなことするのかって。
それが本間さんが一番やりたいことなんじゃないか、って
まぁ…
教えてください
…俺はさ、40歳手前で身体を壊したんだよ
それで一年休職したことがあったんだ

それまでは、こう見えても、社内では比較的、出世しているほうだった
まあ今のお前からすると、ただのうざいヤツかもしれないけどな
いえ
退院もして、なんとか、会社に復帰したとき、俺は心からワクワクしていた
このオフィスの前に立ったとき、嬉しかったなぁ…
もう一度、自分の大好きな仕事に復帰できるってな
でも、戻ってきたときには、元いた自分の居場所はなかった
明らかに会社にとって「バツがついた人間」って感じだった
そのとき、俺は全く納得いかなかった
…
だって、おかしくないか？
それまで15年近く必死に、寝る暇削って働いてきたのに、1年休んだだけで、期待されなくなる、ってな
俺は正直、憎しみに近い感情を持ったよ。
こんな会社、潰れればいい、とさえ思った
会社を辞めることも考えた
…でも、辞められなかった

子どもがまだ小さくて、
あいつらを育てて
やらないと
いけなかったからな
そのときに、たまたま、
俺と同じように
身体を壊して
戻ってきた
若いやつがいた
そいつもそいつで
すごく
苦しんでいるように
見えた
…そこから
ですか
あぁ、そうだよ。
会社からすると、
別に評価なんて
されないけどな
俺には大事な、
なんというか…
居場所みたいな
もんなんだよ
やりたいことなんて
大それたもん
じゃない
だからなぁ、正直、
俺は
お前に嫉妬して
いるんだろうな、
なんでも
持っているように
見えて
…私は、何も
持っていないです
嫌味にしか
聞こえんよ
いえ、
私は…
私は小さい頃から
姉に対してずっと
コンプレックスを持っていました
…そうなのか？
ええ。
私は、姉には何も
敵わない

美人で頭も良くて、運動もできる
そんな自分が唯一、勝てそうだったのが、文章を書くことでした。
だから、この仕事を選びました
私には、この仕事は、私の居場所なんですよ。唯一の
自分が居てもいい、と思えるような
だからこそ、私は正当に評価されたい、適切に評価されたいという気持ちが人よりも強いのだと思います
なるほどな
…なあ、お前も俺のことは嫌いだろ
…ええ。嫌いです
!
今さら、俺もお前にすまんなんていうキャラではないのはわかっている
ただ、邪魔はしない。
それに横田君はいいやつだ、それはわかる
…ありがとうございます。
私も今さら、すみません、なんてこと言うキャラじゃないことはわかっています。
それでも……
?

反省
しています
…俺も、適切な
発言じゃなかった
言いすぎたことや、
本間さんの一面しか
見てこなかったこと
申し訳ない
横田君を出世
させることに、
異論はない
人には必ず、
光と闇。表と裏。
両面がある
完全に悪い人、
完全にいい人、
なんてものは存在しない

そして―
毎日慌ただしく―
それぞれの時間が過ぎていく
ちょっと本間さん！
会議室

バサッ
なんですか⁉ このありきたりな企画は
うるせえな、お前。他社で売れてんだから仕方ないだろ
真似、真似、真似、真似！
売れてるテーマ、他と同じことだけやってるから、出版業界は伸びないんですよ
本間さん、全然ダメでしょ、こんな企画
ぐ
じゃあお前だったらどうすんだよ！
私なら、こうしますよ
キュ…
ばんっ
どうですか！
…っ
おぉー…

…な、なるほど…
よしっ
…どうなることかと思ったが
この二人、前と空気が変わってきたな
数か月後―
希たちが作った雑誌
どうやら企画は大ヒットしているようだ
上山シェフインタビュー
売れてます!!
エジソン
話題の

シェフ、
それで…
言いにくいの
ですが
なんだ？
来年春を目処に、
やはり独立したいと
思っています
…そうか
…小さい頃からの
夢でしたので
…お前、借金あったろ、
それは大丈夫なのか？
え、その…
…ご存じでしたか
あぁ、一度店に
電話があった
ま、突っぱねて
やったけどな
…ありがとう
ございます

何から何まで世話のかかるやつだよ、ほんと
ご心配をおかけしてすみません
お金は…なんとか工面できそうです
…
覚悟はできたか？
！
はい！
…最後まで、利用するような形になってすみません
でも、その分、シェフの名に恥じないように頑張ります！
…みんな、去っていくんだよな
沙織も、お前も。
どれだけ手塩にかけても、いつかは去っていくからな
これまで、いろいろあったな
…はい
…

シェフ……
私は10代ではじめてシェフに会ったとき、
生意気ながら、いつかシェフのことを追い抜いてやると思っていました
それは、自分の才能に過度な自信があったからです
だから、どうやったら、同期の誰よりも早く認められるか、シェフのことを利用できるか、とか…
今思うと本当に自分勝手なことばかり考えていました
でも今になって、わかります
シェフは、本当に…
本当に、偉大な経営者でした
私は、才能を持ったシェフであり そして、偉大な経営者でもあったシェフの元で働けて、本当に幸運でした
…お前と働いて15年か
長かった
…でもな

楽しかったな
…はい
ありがとう
ございました…！

死を間際にして、
僕たちが後悔すること、
それは、自分がしたことではなく
やらなかったことだ

It is not the things
we do in life that we regret...
it is the things we do not.

———

ランディ・パウシュ

（カーネギーメロン大学終身教授、1960～2008年）

Randolph Frederick Pausch

「カーネギーメロン大学　特別講義（2007年）」より

ま、舞ちゃん来た！
だ、大丈夫。絶対に渡そう
遅かったじゃん
がさっ
いっしょに帰ろうぜー
さっ
なー、まい！こないだ言ってたカラオケさー
声掛けないと行っちゃう…
大事なもののために戦うのは、無駄じゃないよ
作るか！とっておきのスペシャルなショコラを
……っ
ドキ
ドキ
ドキ
！…っ

あ、あの
舞ちゃん！
なに？
スッ
えっと…
？
はぁ？
なんだよ、お前
あの…
なにもなければ、行くけど？
！こっ
よかったら食べて
これ…
なにこれ？
？
チョコ
好きだって聞いたから
こいつまた女みたいな真似しやがって
うえ
マジかよー
舞、食わないほうがいいぜ。こいつのチョコ、クソまずいからな
ゲリー
やめなよ
なんでだよ、こいつ、お前のこと好きなんだぜ！

もらうよ
え…
あ、ありがとう
なんで、誠くんが言うの？ 私、チョコ好きだから
むしろありがとう
でも、ごめん
？
ごめんなさい、誠くん
私、
他に好きな人がいるから
え
ええーーっ
おい誰だよ 舞!?
誰でもいいじゃん
いいから教えろよ！ 誰だよ、何組だよ？
…
3つ上の先輩
バスケがちょーうまい
…じゃ私帰るね
しーん…

そっか
けど
なんでだろう？
そんなに
ショックじゃない
気がする
僕、舞ちゃんに
振られたんだ
ありがとう
むしろ
心がすっきり
したような…
自分の
気持ちを、
伝えることが
できて、よかった

出版社──
横田さん、
いよいよですね
では、新しく執行役員に就任した横田さん、
ご挨拶をお願いします！
…あぁ
…パチ
パチ
パチ
パチ
ガラにもないですが、改めまして、横田です
第二事業本部、今期、新しい目玉施策を行います
それが、新規ユニット「U35事業部」の新設です
ざわ…
U35事業部…？
そうです、35歳以下の若手だけを集めた少数精鋭のチーム
これを第二事業本部内に作りたいと思っています

となると、そのユニットには、35歳以下の新しい編集長がつくわけですか？
…？…
そうです
誰なんですか？
まだ決めてない。というか…
公募制にします
ざわっ…
公募制……？つまり、社内から募集するんですか!?
ざわ
どーいうこと？
はっ？
ざわ…
そうです。
ただし、社内だけじゃない
〝社外も含めて〟です
条件は、35歳以下、それだけです
社内からも、社外からも新ユニットの編集長と編集部員を募集します
全員フラットに、誰が一番編集長にふさわしいか、を考えて決めます

数か月前——
…しかし、どうやって社内を説得するんだ？
35歳以下だけの事業部。そのアイデアは確かに斬新だ
だが、知ってると思うが、今の人事制度、過去の事例から考えると、
会社がOKするとは到底思えない
ええ。ですから、アイデアがあります
アイデア？
〝経営課題〟と紐づけるんですよ
どういうことだ？
たしかに、普通に35歳以下の部門を作ろうと言ったって、経営陣は絶対にイエスと言いません
どうせ言うのは、「失敗したらどうするんだ？」「別に今のままでもいいだろ」「同期内で差が生まれるだけだ」等です
まぁ、そうだ。特に保守派の取締役たちは間違いなく反対する
だったら、もうすでに会社がわかっている〝経営課題〟と紐づけて、実施したらいいんですよ
すでにわかっている経営課題？
〝若手の離職〟です

いま、うちの会社は若くて優秀な人間が、どんどん他社に取られています
あるいは、ネット系の出版社に流れています。
それは、経営陣も常日頃から経営課題だ、と言っています
どこの出版社も才能のある、優秀な人材を確保するのに必死です
…
だったらいっそのこと…
35歳以下の部門を社内だけじゃなく、
社外からも募集して、採用に生かすんですよ
つまり、若手不足という経営課題を解決するための施策に見せる、ってことか？
見せるんじゃなくて、実際に効きますよ
うちの会社は、幸いにもブランドはあります
他社でくすぶっている才能のある人は、絶対に応募してきます
…でも、それで、お前が負けたらどうするんだ？
編集長になれないぞ
ただ、それは100％ありえません
もしそれで負けたら、私がそれまでだったということです
フ…
なぜだ？

なぜ、うちの会社が、私を出世させられないのか？
たしかに私の態度にも問題はありましたが、
結局、前例がないからだけです。私はこの4年、誰よりもヒットも出し部門賞も受賞しています
冷静に、過去の実績だけで考えたら私は明らかに適任です。
だったら、むしろ、いったん、社外も含めて、フラットに実績ベースで比較させればいいんですよ
…なるほど
この会社は井の中の蛙（かわず）です
だから、自分たちの過去との比較でしか物事を判断できなくなっています
でも一度、フラットに社外も含めて比較すれば、もっと変わるはずです
…たしかに
それなら、経営陣も一理あると思うかもしれない
これがU35事業部のアイデアです。どうですか？
…面白い
……私は、この施策をやること自体が意味のあることだと思っています
どういうことだ？

だって、自分で手を上げさえすれば、チャンスはあるってことですから
私がしたいのは、この会社を変えることだけではありません。
この業界自体の古い慣習を変えることです
!
だったら、私たちみたいな古い出版社が業界に先駆けて新しいことをやる。
そのスタートになると思うんです
小林の考えはわかった。…ただ、人事部は大丈夫なのか？
ああ、それは大丈夫です
ニコッ
…なぜだ？
私には“強い仲間”がいますから
…？
ニッ

ガヤ
ガヤ
就任の挨拶終了後―
横田
しかし、お前、よくあんな案を通したな
ええ、まあ
人事部は何も言わなかったのか？
それは、ちゃんと根回ししておきました
根回し？
ざわ
そうです、強力な助っ人がいまして
ざわ
社内のネットワークにかけてはピカイチの人間もいるんですよ

1年後―
あの
最後に、一つ質問してもいいでしょうか
ええ
なぜ、今回、私の取材を受け入れてくださったのでしょうか？
？
その…以前
あれだけ私が無礼をしたのに…
…ああ！
それは…

ガチャ
ただいまー…
せーのっ
のぞみーっっ
最年少での編集長就任おめでとうー!!
パーーーンッ
おめでとう!
え!?
っていうか…
横田さんまでわざわざ来てくださったんですか!?
あぁ、サプライズゲスト的にな
ついでに、横田さんもおめでとうー!
パチパチ
ついでにって
ちらっ
誠、プレゼントがあるんでしょ
うん!

わぁ…!!
これ…マー君が作ったの?
うん!
すごいじゃん!!
どうやら、チョコレートには
〝人を幸せにする力〟があるようだ
それにしても、小林、よく土尾シェフが取材OKしてくれたな
最後に、聞いたんですよ。なぜ、今回、私の取材を受けてくださったのか?って
そしたら、土尾シェフは、こう言ってました
?

…人は、
人は、成長するものだから、って
なんだか、振り返ってみると―
それぞれが成長した一年だったように思う

ねえ、誠
前に聞いた質問の答えを教えてよ
しつもん？
そう、覚えていない？ママが以前聞いた質問
ごにょごにょ
…
？
なに？
すっ
あなたにとって、チョコを作るってどういうことなの？って質問
そっ…
！
へー！
ねえ、ママ

ママにとっては、どういうことなの？
ママの答えも教えて
ママかー。ママにとって「働くこと」ってのはね…
…へえー！
…
にっ

Fin.

皆さん、こんにちは。

「漫画編」はお楽しみいただけたでしょうか？　漫画の脚本を担当した、北野唯我です。

実は、この本は前編と後編に分かれており、ここから後編の「ワーク編」（第2章）、「独白編」（第3章）に入っていきます。このワーク編では前半で登場したキャラクターの内面をさらに深掘りし、キャリアに活かすために、2つのコンテンツをご用意しました。

1つ目にご用意したものは、あなたとキャラクターの関係性を知ることで、キャリア戦略を構築するための「ワーク集」です。

「漫画編」に出てきたキャラクターはすべて、実在する人たちをイメージして作られています。

一体、あなたとそのキャラクターとの関係性はどうなのか？　彼らからあなたは何を学ぶべきなのか？　それを知る簡単なワーク集をご用意しま

Interlude,

した。このワーク集では、あなたがこれから乗り越えるべきキャリアの課題が見えてくるでしょう。

2つ目にご用意したものは、私からあなたへ向けられたエッセイです。この本は自分自身を知るための本です。今を生きようとする仲間に向けて、在り方を問うメッセージをご用意しました。少しでも何かを感じるきっかけになれば幸いです。

それでは、今から始まる、「ワーク編」、より深くキャラクターの内面を深掘りし、あなた自身を理解するための文章をお楽しみください。

また、「おわりに」、で会いましょう！

石工はみんな知っている。
小さい石もないと、
大きな石だけでは
石垣は上手に積み上げられないと

As the builders say,
the larger stones do not lie
well without the lesser.

―――

プラトン

（古代ギリシアの哲学者、紀元前427年～紀元前347年）

Plátōn

第2章

ワーク編（自己分析編）

さて、このパートでは「**あなた自身」を理解するためのワーク**を行っていきます。ここまでの内容は、いわば、準備運動です。共通認識を整えるためにありました。この本のビジネス書としての価値は、ここからのパートにあります。

下の表（**表-1**）には、登場したキャラクターたちが大切にしている価値観が、まとめられています。上下には、「労働価値」と呼ばれる、仕事で重要な価値観が14個並んでいます。仕事をする上でそれぞれのキャラクターは、何が大切なのか？　逆に何が大切ではないのか？　を示

▽表-1

14の労働価値　キャラクター別比較	希（主人公）	土尾（シェフ）	横田（編集長）	上山（スーシェフ）	本間（ベテラン編集者）	真奈美（希の姉）	愛子（デザイナー）
1. 能力の活用……自分の能力を発揮できること	◎	◎	○	◎	○	○	○
2. 達成……良い結果が生まれたという実感	◎	○	◎	◎	△	◎	△
3. 美的追求……美しいものを創りだせること	◎	◎	○	◎	△	△	○
4. 愛他性……人の役に立てること	○	◎	◎	△	○	△	×
5. 自律性・自立性……自律できること	◎	○	△	◎	△	◎	◎
6. 創造性……新しいものや考え方を創りだせること	◎	◎	○	◎	△	△	△
7. 経済的価値……たくさんのお金を稼ぎ、高水準の生活を送れること	△	○	○	◎	○	◎	◎
8. ライフスタイル……自分の望むペース、生活ができること	△	△	○	◎	◎	◎	◎
9. 身体的活動……身体を動かす機会が持てること	×	△	△	△	×	△	○
10. 社会的評価……社会に仕事の成果を認めてもらえること	◎	△	○	◎	△	○	△
11. 危険性、冒険性……わくわくするような体験ができること	○	△	○	○	△	○	×
12. 社会的交流性……いろいろな人と接点を持ちながら仕事ができること	◎	◎	◎	△	○	△	×
13. 多様性……多様な活動ができること	◎	○	○	×	△	△	×
14. 環境……仕事環境が心地よいこと	△	◎	○	△	◎	△	◎

仕事をするうえで、とても大事＝◎、大事＝○、それほど大事ではない＝△、大事ではない＝×、が基準。

しています。
この14個の項目は、アメリカの心理学者、ドナルド・E・スーパー氏*が提唱した「14の労働価値」という考え方がもとになっています。今回は、この「14の労働価値」を私なりにアレンジして活用させていただきました。

皆さんは、どのキャラクターに近いでしょうか?
巻末にチェックシートをつけましたので、ぜひ、そちらも活用してください。

さて、それぞれのキャラクターには明確な特徴があります。たとえば、一番左の編集者・小林希を見てみましょう。この◎のマークは、彼女が仕事において特に大事にしていることです。彼女は何が大切なのでしょうか? 表を見るといくつかのことを大事にしているのがわかります。たとえば自分の能力を活用すること(1)、達成(2)、美的に追求できること(3)、そして、自立的で、創造的な仕事であることを求めています。これが小林希の価値観の特徴のようです。

一方で、他の人はどうでしょうか? 一番の天敵であった、シニア編集者の本間健太郎を見てみましょう。

*ドナルド・E・スーパーは米国の学者。アメリカ・カウンセリング学会会長、全米職業指導協会会長などを歴任。

本間は、希があげた項目をそれほど大事にしていないことがわかります。彼が大事にしているのは、ライフスタイル（8）や、環境（14）です。**つまり、小林と本間はそもそも、大事にしている価値観が全く違うのです。**

そして、ほとんどの場合において、職場での衝突というのは、この「価値観が違う人同士」で起こります。皆さんの職場でもそうではないでしょうか？

あるいは、もう少し、小林希のことを理解していきましょう。

彼女が他のキャラクターとの違いを出しているのは、やはり、多様性（13）です。すべてのキャラクターの中で、唯一、◎がついています。漫画編で出てきたように、彼女は「多様であること」「それが特別ではない状態を作ること」をとても大事にしており、そのために会社の経営陣と戦いを繰り広げました。それは彼女だけが、唯一「多様性」を

とても大事にしているからだと推測されます。

あるいは、これは、上山シェフと土尾シェフの衝突も同じです。

上山公二シェフは、〝野心溢れるシェフ〟という表現がぴったりです。向上心が強く、エネルギーに溢れている。彼の価値観の特徴は、経済的価値（7）や、社会的評価（10）を強く求めていることです。一方で、土尾紀男シェフは、経済的な価値（7）、社会的評価（10）をそれほど求めていませんでした。したがって、上山は「物足りなさ」を感じたわけです。上山は、師匠である土尾シェフを尊敬していました。ただ、価値観が違うことで衝突しました。

何が言いたいのか？　それは、ほとんどの場合において、職場での衝突や、人との衝突というのは、この価値観の違いによって起きているということです。

そもそも、**人間の好き嫌い、というものは2階建でできています。**

1つは、「**身体的な好き嫌い**」です。**これは、衣食住と深く関係しています。**たとえば、「こういう服を着たい」「こういう食べ物は嫌い」「こういう家に住みたい」などをイメージするとわかりやすいでしょう。この身体的な好き嫌いは、とても大事ですが、キャリアを積み上げていくにつれて、それほど大事ではなくなっていきます。重要度が下がっていく傾向になります。なぜなら、身体的な好き嫌いのほとんどは、お金によって解決できる問題だからです。お金があれば、嫌なものを取り除くことができます。好きなものを選択することができます。たとえば、食事や、住む場所、衣服などがわかりやすいでしょう。こういうものは、ほとんどが「お金の問題」なのです。その意味で、キャリアを着実に積み上げていけばいくほど、それほど重要な問題ではなくなっていく傾向にあります。

一方で、もう一つの「**思想的な好き嫌い**」はもっと厄介な問題です。

これは、職業観や生き方に紐づいています。これらは、複雑で、お金によって解決できないのが特徴です。なぜなら「正解」がないからです。たとえば、学生時代は部活なんて頑張らずに勉強することが善だ、という考えと、若い頃は勉強なんてせずにガンガン遊べ、という意見があったとします。二つの意見は、衝突しています。この衝突は、

▽図-1

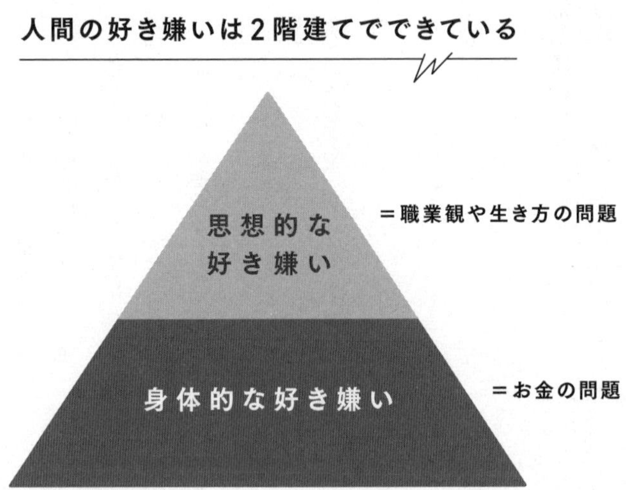

もはや、「思想の衝突」であって、答えがありません。どちらも正しく、どちらも間違っているからです。したがって、どれだけ、相手に論理的な説明をしたとしても、本質的に相手を変えることは極めて難しいものです。

「自分と、他人は違うものだ」

そう思うことは人を楽にする面もあります。これは職場でも同じです。自分と他人は全然違うから、価値観が違って当然である、そう考えると少しだけ気が楽になります。ただ、本当にこれだけで終わってしまうと、人と人は相容れないまま、平行線を辿ります。

ではどうすればいいのか？　それは、**「仕事への価値観」という言葉の解像度を上げることだと思います。より具体的には、要素に分けて考えること。次の2つを行うことだと私は考えます。

1. 自分の価値観を要素に分けて理解し、忘れないように何度も何度も確認する
2. その上で、相手の価値観とは何が同じで、何が違うのかを確認する

どこが違い、どこは同じであるか。違う部分と、同じ部分を確認し合うこと。それを粘り

強く、丁寧に探っていくことが、人が大人になっていくことだと私は思っています。本来、自分と価値観が違う人は、できることなら、一緒に働きたくないはずです。避けて済むなら避けたい。それでも、多くの働く人にとっては、「とはいえ、職場に自分とは気が合わない人もいる」のは事実でしょう。その際大事なのは、要素に分けて考えること、だと私は考えます。

「漫画編」のなかでも、編集者・小林希が、シニア編集者・本間健太郎と、少しずつ和解していく部分が、最もわかりやすいでしょう。本質的には全然違うけれど、わかる部分もある、というのを見つけていく作業を彼女はしたわけです。この作業、自分と他人がどう違い、どこは同じなのかを仕分けしていくことが、大人になっていく、ということだと私は思っています。

というのも、身体的な好き嫌いは、お金で解決できても、思想的な好き嫌いは、抜本的に仲良く交わることがしづらいからです。これは悲しいけれど、真実ですし、何より歴史が証明しています。常に、「自分が正しい」という考えを持つ人は存在し、その人たちは、他人に自分の考えを強要しようとしてきました。人類がたくさん繰り返してきた、戦争の歴史、宗教の対立などを考えるとわかりやすいでしょう。思想がぶつかったとき、人は強くぶつかり合うのです。

▽図−2

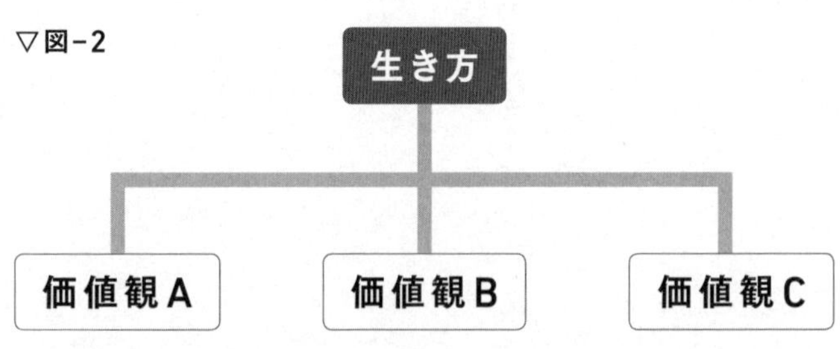

私が認識する限り、**本質的には、働く理由は、完全に一つのものが、まとまってドスンとあるものではありません。複数の価値観が構成されており、要素に分かれているものです**。それをあえて図に書くと図2のようになります（前ページ図－2）。

もう一つ、この14の価値観で知っておいたほうがいいことは、人によって「職場で求める水準は全然違う」ということです。下の表（表－2）を見てみましょう。

これは、各キャラクターが「とても大事にすること（◎）」の数を数えたものです。

当然ですが、人が「どれだけ高い水準を仕事に求めているか」は差があります。仕事に対して強い要望を持っている人ほど、「たくさんの要素を求める」傾向がありますし、「仕事はほどほどの水準でいい」と思う人は、それほど多くの要素を求めていません。これはどちらが正解か、などはなく、ただ単に違いがあるだけです。当然です。

そして、一般的には「わがままであること」は、悪いことだと思われがちですが、一方で、たとえば、スティーブ・ジョブズ*をイメージすればわかりやすいですが、わがままな人間のほうが、新しいものを生み出す可能性がある。これも私たちは事実として認める必要があるでしょう。

▽表－2

希	土尾	横田	上山	本間	真奈美	愛子
8	6	3	8	2	4	4

巻末付録「特別インタビュー」の、土尾シェフ（二十一ページ）で詳しく書いてあるように、起業家（経営者）というのはある意味でとてもわがままな存在です。多くを求めます。それが、ときに、周りの人からすると、とても過度な要求に見えるかもしれません。しかし、その要求が新しいものを作り出すエネルギーになり、この世の中を変えてきた側面もあります。**新しいものを作るというのは、過剰なエネルギーを必要とする**ものだからです。これは、皆さんも、ワーカホリックで有名な経営者をイメージしてみて、その人たちを尊敬はするけれど、その人の下では働きたくないな、と思ったことが一度はあるだろうことを想像するとわかりやすいのではないでしょうか。

では、私たちはどのようにこれらを考えればいいでしょうか？
それは「**分散して満たすこと**」だと私は思います。

今の仕事に１００％満足していますか？
と聞かれて、どれだけの人がＹＥＳと答えられるか、というのは難しい問いです。ほとんどの場合は、なかなか１００％自信を持ってＹＥＳと言い切れないのが、現実ではないでしょうか。仕事内容は楽しいけれど、人間関係はもうちょっと良くなってほしい、給与がもうちょっと高ければ嬉しい、など、１００％完璧な職場というのはなかなかないものです。私もそうだと思います。

＊スティーブ・ジョブズは米国の実業家。アップルの共同設立者。

この際に大事なことは、**一つの場所ですべてを無理に求めようとしないこと**、だと私は思います。漫画編であったように（115ページ）、ほとんどの人は、世界的に有名なアーティストや、創業者ではありません。仮に私たちが、そのレベルの才能と意志を持っていれば、すべてを一つの職場から手にすることができるかもしれませんが、現実的にはかなり難しい。ほとんどの人にとっては、「ある要素は、Aという仕事で満たして、他の部分は、違うところで満たすこと」が現実的だと思います。

たとえば、私は、普段は東京で会社の役員をしていますが、一方で、作家としても活動をしています。今風にいうならば、兼業という感じでしょう。私が2つの仕事において求めるものは全く違います。会社では達成（2）や、ライフスタイル（8）などを大事にしています。他方で、作家としては創造性（6）や美的追求（3）を強く求めています。つまり、自分が求めるものを分散させているわけです。

副業もそうです。副業というと、お金を稼ぐことがフォーカスされがちですが、重要なのは「副業や趣味を使って、本業では満たせない価値観を満たすこと」だと感じます。本業ではAとBを満たし、副業ではCを満たす。こういうことができるのが副業の魅力ではないでしょうか。

世の中には「一つのことだけに集中しろ」と言われやすい職種（ex.職人など）や、考え方も存在します。これは、ある種、「年齢やタイミングによっては」正しい考え方だと思います。若いときや、いろいろなことに手を出しすぎて何もうまくいかないとき、どうしても何か一つで成果を出さなければならない人生の節目など、こういうときは、「一つのことに集中すること」「エネルギーを集中させること」はとても大事かと思います。

しかし、多くの人にとって、人生は長期戦であり、マラソンに近いものです。年齢やタイミングが変われば、価値観は変わっていくものですから、現実的には、**分散させることも、生きていくための手段として認めるべき**だと私は思います。そのことで救われる人もたくさんいると思っています。現代は法制度や、社会のルールが変わり、昔より、多くの人が、「分散しやすい」世界になってきました。**本業では一つのことに打ち込み、副業や趣味で分散させる**、こういう生き方も素晴らしいのではないか、と私自身は強く思います。

もしこの考えに共感する方がいらっしゃれば、ぜひ、次の4つをやっていただけると嬉しいです。少しはお役に立てるかと思います。

1. 14の労働価値（巻末シート）に自分なりに◎、○、△、×をつけ、優先度をつける
2. そのうち、今の仕事で満足できるものと、満足できずに不満につながっているものを

分類する

③ 満足できていない項目を他で満たす方法がないか？をできるだけたくさん書き出す。たとえば、趣味や、副業、スクールなどの手段を洗い出す。その方法がなければ仕事を変えることを考えてみる

④ 直近の1週間で、これらの項目に関われるようにスケジュールを優先的に入れる

当然ですが、100％完璧な仕事は、この世にはほとんどありません。あるいは、仮に現時点では十分に満足していたとしても、満足度は変わるものです。なぜなら、**自分の前提となる「価値観」は、年齢やライフステージに応じて少しずつ変化していくもの**だからです。たとえば、体力が落ちて昔ほど働けなくなった、子どもが生まれたことで時間的な制約ができた、親が病気になってしまった、パートナーと離婚してしまったなど、人生は常に変化していくもの。言い換えれば、ライフステージに応じて、今の時点で大事なものであっても、時間とともに変わるものもあります。だからこそ、**大事なのは、未来ではなく、今の価値観を明確にすること、そして、定期的に自分の価値観を棚卸しし、少しずつ分散させていくこと**だと私は思います。

最後に、もう少し具体的にするために、このワークを私の友人、何名かに書いてもらった例を載せておきます（表-3）。複数の要素を複数で満たす、ということがいかに大事であるか、

▽表－3

ペンネーム	MNさん	Moさん	Sさん	Wさん
年齢・性別	30代女性	20代女性	30代男性	20代男性
職業（例：IT、広告、人材、経営者、自営業、フリーランスなど）	人事職	IT企業勤務	弁護士	マーケティング職
1. 能力の活用（自分の能力を発揮できること）	○	◎	◎	◎
2. 達成（良い結果が生まれたという実感）	△	○	○	◎
3. 美的追求（美しいものを創り出せること）	×	△	×	◎
4. 愛他性（人の役に立てること）	◎	◎	◎	○
5. 自律性・自立性（自律できること）	◎	○	○	○
6. 創造性（新しいものや考え方を創りだせること）	△	◎	△	△
7. 経済的価値（たくさんのお金を稼ぎ、高水準の生活を送れること）	×	○	○	×
8. ライフスタイル（自分の望むペース、生活ができること）	△	◎	○	×
9. 身体的活動（身体を動かす機会が持てること）	×	○	×	×
10. 社会的評価（社会に仕事の成果を認めてもらうこと）	○	◎	○	△
11. 危険性、冒険性（わくわくするような体験ができること）	○	◎	×	×
12. 社会的交流（いろんな人と接点を持ちながら仕事ができること）	△	◎	◎	×
13. 多様性（多様な活動ができること）	○	◎	○	×
14. 環境（仕事環境が心地よいこと）	○	◎	○	△

を理解できるのではないでしょうか。

▼キャリアでぶつかる課題

さて、ここまでは「価値観」を見てきました。ここからはタイプ別のキャリア戦略について考えていきましょう。

下の表（表-4）を見てください。

この表は、漫画編に出てきたキャラクターの能力を、**「知恵・情愛・意志」の3つに分類し、5段階で表した**ものです。ゲームの能力（ステータス）のようなイメージでしょうか。

この3つは、渋沢栄一氏*の『論語と算盤』からきています。これも私なりの解釈でアレンジしています（渋沢さんは、言わずもがな、実績と人望、その両方を兼ね備えた日本の歴史に名を残した人物です）。

▽表-4

キャラ	キャリアの伸ばし方		強みと弱み			
	パターン	Level	知恵	情愛	意志	合計
希（主人公）	意志型	2	★★★	★★	★★★★★	10
真奈美（希の姉）	スキル型	2	★★★★★	★★★	★★★★	12
土尾（シェフ）	バランス型	2	★★★★★	★★★★★	★★★	13
上山（スーシェフ）	意志型	1	★★★	★	★★★★★	9
横田（編集長）	バランス型	1	★★★	★★★	★★★	9
本間（シニア編集者）	チーム型	1	★★	★★★	★	6
愛子（デザイナー）	スキル型	1	★★★	★★	★	6
誠（小学生）	チーム型	1	★	★★★★	★★★	8

著者が各キャラクターを5段階で評価

1つ目は、智＝知恵。頭の良さ、だけではなく、知識や経験。どれだけ、仕事に工夫をもたらすことができるか、を表しています。技術やスキル、とも呼べるでしょうか。知恵が十分でないと、物事を見分ける能力が不足する、といいます。

2つ目は、情＝情愛。これはどれだけ、一緒に働く人のことを想えるか、利他的になれるか、情を持って後輩を可愛がれるか、などを表しています。リーダーシップなどもここに含まれます。人間的な魅力とでもいうのでしょうか。

3つ目は、意＝意志。これは、どれだけ強い気持ちを持っているか、どれだけ強い向上心を持ち続けられるか、自分がこうしたい！という気持ちを持っているか、を表しています。

渋沢氏によると、この3つは、どれも必要なもので、一つでも欠けていると、資本市場では長期的に成功できない、といいます。たとえば、意志だけが強くても、知恵や情愛がなければ、いずれ仲間からの裏切りや、敵からの反撃を受けてしまうといいますし、知恵だけあっても、人は付いてきてくれないし、便利な人で終わってしまう。つまり、3つすべてを育てていく必要がある、と語っています。

皆さんは、どの要素がどれぐらい高いでしょうか？

＊渋沢栄一は日本の武士、実業家。銀行、大学などの設立に尽力し、「日本資本主義の父」と呼ばれる。

私が観測する限り、このどれが強く、どれが弱いかは人によっても、キャリアのフェーズによっても大きく異なり、バラツキが出ることが多い。そして、何より、その組み合わせによって、大まかなキャリア戦略は異なると感じます。

人がなぜ、キャリアに戦略を必要とするのか、それは、「資本市場」は残念ながら、厳しい世界でもあるからだ、と私は思っています。すべての人が、自由気ままに、やりたいことだけをやっていて、努力もせずに、たくさんお金を稼げる世界なら、キャリアに戦略なんていらないと思います。ですが、現実は厳しい側面もある。自分の足で立ち、自分が大切にしたいものを守りながら生きていくには、ある程度の知恵は必要なものだと思います。そうでなければ、自分がいざというときに、大切な仲間や人を守れないからです。

そもそも、仕事でもなんでも、**物事は、大きな方針と、小さな方針の2つでできています。**大きな方針とは、長い視点で、どんな方向を目指しているのか、どうやって自分のキャリアを積み重ねていくか、という長期的な話です。一方で、小さな方針とは、目の前の目標を達成する手段、仕事でいうと、与えられた数字の期待値を超える方法といった短期的な話を指します。「大きい方針」と「小さい方針」の2つに挟まれながら、私たちは普段働いています。

しかし、現実問題、**私たちは往々にして「小さな方針」ばかり見ることに追われています。**

それは、たとえば、目の前の目標数字を達成するためにどうやって営業戦略を立てるか、どうやって今の上司に評価してもらうか、このようなものもそうですし、もう少し大きな話もそうです。たとえば、会社の全社戦略という、一見するととても大きな方針ですらそうです。冷静に考えてみると、会社全体がどうやって進んで、どんなビジョンを達成していくのか、その中期経営計画ですら、実は人生の生き方から見るととてつもなく「小さな方針」だと私は思います。

では、**自分にとっての本来の「大きな方針」は何かというと、当然ですが、自分の価値観に基づいた、生き方そのものであり、その生き方を実現するための方法論だと思います。**ただ、難しいのはこの生き方を実現するための方法論は、事業戦略のように具現化されていないこと、体系化されていないことです。それぐらい複雑で難しいものです。

では、どうすればいいのか？　それは本来、いろいろな人生の体験をしながら、自分でパターン化していくもののはずです。これが、若い頃たくさん苦労してきた人や、挑戦してきた人、人生経験が豊富な人ほど、人の生き方に関して、話が面白い理由でしょう。

しかし、当然ですが、人生が、テレビゲーム／パソコンゲームと違うのは、「過去に戻ってやり直しができないこと」です。ゲームでは、セーブポイントを作って、もう一度やり直すことがしやすい。いろいろな選択肢から、どれが良かったのか？　違う選択肢を選んだらどうなるか？　を検証しながら進めることがしやすい。その過程で、ゴールを達成する上でのベストな方法論を模索できます。でも、現実の人生は当然、過去に戻ることはできないため、他者の知恵や情報を借りる必要が出てくる。こういう構造だと思います。

なぜ、人は物語を必要とするのか。それは、人は他人の物語を借りて、ある程度の予測を行うための学習ができるからです。私たちが、偉人伝や、他人の冒険ストーリーを楽しく聞けるのは、自分が選べなかった選択肢を、他人が経験しており、そして、それを（他人の経験から）学ぶことができるからです。つまり、**物語の価値とは、生き方のパターンを認識し、そこから自分の人生への学びに転化させることができること**だと私は思っています。

前書きが長くなってしまいましたが、ここでは、漫画編で出てきたキャラクターを事例に、あなたのキャリアに役に立つ考え方をぜひ、ご紹介していきたいと思います。

皆さんはどれが近いでしょうか？

1　**スキル型のキャリア**　（知恵を強みにして、キャリアを積み重ねていく方法）
2　**意志型のキャリア**　（意志を強みにして、キャリアを積み重ねていく方法）
3　**チーム型のキャリア**　（情愛を強みにして、キャリアを積み重ねていく方法）

④　**バランス型のキャリア**（バランスを重視して、キャリアを積み重ねていく方法）

この4パターンは、自分が何を軸にしてキャリアを積み上げていくか、という方法論を示す分類になっています。たとえば、自分には高い専門性がある、そういう人が、人生の30代以降、どのようにキャリアを具体的に積み上げていくことができるのか、をまとめています。

当然、この4パターンというのは、どれか一つだけが、ずっと当てはまる、というものでもありません。あるときはスキル型だし、あるときは意志型である、ということがありえます。言い換えれば、**①自分の強み**と、**②今の自分の人生のフェーズ**の2つによって、決まるものです。

自分がどれに該当するのか、少しわかりづらい場合は、次の3つの問いをぜひ考えてみてください。

①　自分の過去や、周りからの評価を参考に、自分を振り返り、知恵・情愛・意志、3つのうち、どれが優先して高いと思うかを考えてみる

②　8人の登場人物のうち、最も自分に近いと思ったキャラクター、あるいは、憧れたキャラクターを一人選び、対応表（221ページ）から、どのキャリアパターンかを調べる

知恵	情愛	意志	自分のパターン
☆☆☆☆☆	☆☆☆☆☆	☆☆☆☆☆	

星印が最も多いものがあなたのパターン。3つ同じ数の場合はバランス型、2つの場合、どちらか一方のほうが強いと感じるなら、そのパターンを。2つとも同じ位の強さで、残り1つも2つと近いならバランス型。

③ これらがすべてわからなければ、以下のアドバイスを全部読み、自分に一番刺さったものを探す。そこから考える

最後に、誤解しないでいただきたいのですが、このあとそれぞれのパターンで職種名を出していますが、どの職種にも、この4つのキャリアの人はいます。ここで挙げている「職種」は、あくまで傾向の話であることをご了承ください。

▼スキル型のキャリアのポイント

4つのキャリアの中で最もわかりやすいのは、「スキル型」のキャリアと呼ばれるものです。漫画の中でいうと、真奈美と愛子が該当します。

これは、3つの項目の中で最も「知恵」を重視する人を指します。知恵というとぼんやりしていますから、スキルや専門性、技術と考えてもいいでしょう。彼らは、10代～20代など、早くから専門性を身につけていくキャリアを歩みます。若い頃から、学業も優秀で、知的好奇心も強く、学ぶことに貪欲。エリート・優秀な人・技術者・参謀・専門家・士業、これらの言葉がぴったりです。すべてのキャリアの中で最も、わかりやすく、エリートの道を歩むことが多いでしょう。

このスキル型のキャリアの最終到達点はいくつかのパターンがありえます。1つは「業界の誰もが知るナンバーワン職人」であり、2つ目は「実力者の右腕」であり、3つ目は、「活動家や篤志家」に近いキャリアです。

○ **業界の誰もが知るナンバーワン職人：**
どの業界にも、高い技術を持ち合わせ、世界を代表する職人という人がいます。たとえば、エンジニアや、デザイナー、設計士など。

○ **実力者の右腕：**
経営者の顧問弁護士や、グローバルな通訳者、プロスポーツ選手の専属トレーナー、または、企業の戦略アドバイザーなどがわかりやすいでしょう。彼らは高いスキルと、実力者からの信頼を元に、高い給与を得ることができます。

○ **活動家や篤志家：**
社会課題に直結するテーマを選ぶ人たちです。たとえば、貧困に取り組む国際貢献従事者や、人道支援を行う医療従事者、あるいは、地域再生に取り組む専門家などがわかりやすいでしょう。

スキル型のキャリアを歩む人は、いずれ、このどれかのキャリアを歩むことが多いと私は感じます。

では、なぜ、「スキル型」のキャリアを歩む人が、こうなっていくのでしょうか？

それはキャリアの途中で、十分な経済的リターンを得ることが可能になるためです。正確にいうならば、キャリアの途中から、お金以外の軸も求め始めることが多いからです。人は欲張りな生き物で、お金さえ稼げればいいと思っていた人も、十分にお金を稼ぎ始めると、次第に、社会的な名声や、創造性、ライフスタイルなど、別の満足を求めはじめます。たとえば、20代まではお金のことしか考えていなかった投資家が、60代や70代になり、いきなり、慈善事業に寄付し始める、などをイメージするとわかりやすいでしょうか。「仕事の価値観」は少しずつ変わっていくものだからです。

あるいは、違う側面もあります。

スキル型のキャリアを歩む人は、人生の途中で、必ず一度壁にぶつかります。**その壁とは、「差別化要因」についてです**。差別化要因とは、他人と違う魅力、ということです。これは弁護士や医師を考えればわかりやすいですが、20代は彼らは、その資格だけで他の人と差別化できていても、年齢を重ねるにつれて、それ単体の魅力は落ちてきます。なぜなら、もっと若くて単価の安い、専門家が必ず現れ、他者に代替されやすくなってしまうからです。資格業というのは、誰もが適切なステップを踏めば、学習できる、という特徴があるためです。そのため、**キャリアの途中で何かしらの自分の色（＝差別化要因）をつける必要がでてきます**。

具体的に、スキル型のキャリアを歩む人が、意識すべきことはなんでしょうか？

その答えは、30代~40代までに「応援したいテーマや、人を見つけること」でしょう。スキル型のキャリアを歩む人の弱点は、自分自身にはそれほど圧倒的な「意志」がないこと、です。一人の足で立つことには長(た)けていますが、キャリアの途中である種の「自分の限界」も感じる傾向にあります。

結局、歳をとればとるほど、「強い意志」を持ち続けている人（意志型）や、「チームを作るのが上手な人（チーム型）」の価値は上がっていきます。なぜなら、これらの能力は、希少性が上がっていくものだからです。スケールしていくからです。スケールできるとは、自分ができることが、どんどん雪だるま式に、大きくなるということです。その分、スキルだけの人の価値は相対的にやや下がっていく傾向にあります。スキル単体は、お金で代替可能だからです。

実際、漫画編でも、姉の西村真奈美が、妹の希に対して、「羨ましい」といった感情を出しています（132ページ）。この感情は、スキル型の人が感じやすいものです。スキル型の人は、知恵があるため、自分のことが客観的に見えやすい傾向にあります。そのため「自分は、ここまでは順調に出世できたけど、この先、それほど伸びしろがないな」ということも察知しやすくなります。

そこで大事なのが、「応援したい人や、テーマを探すこと」だと私は考えます。応援したい人や、テーマを持つことは、人生を明らかに豊かにしてくれます。好きなスポーツ選手を見つけること、子どもを持つこと、好きな人を持つこと等々、これらは本来は自分の人生に楽しみをもたらしてくれることが多いです。自分が好きだ、と思えるものが人生に増える、ということだからです。ただ、その際に大事なのは「応援できる、十分な余裕があること」でもあります。

昔、ある、極めて有名で、業界では知らない人がいない投資家と話したときに、彼がその**企業に投資を行うかどうかの基準は2つある、と言っていました。それは、（1）応援したいか、（2）応援できるか**、です。応援したいか、は文字通り、その企業が取り組んでいる事業内容や、経営者をサポートしたいと思えるかどうか。もう一つは、応援できるかどうか。これは、自分がその企業に出資することで、付加価値を加えられることがあるか？ です。

スキル型の人は、まさに世の中のためにできることがたくさんある人たちです。「自分ができること」を明確に積み上げてきたキャリアです。だからこそ、キャリアの途中（30代〜40代）で応援できるテーマや人物を見つけているかどうかが、その後のキャリアの伸びしろを大きく決めます。テーマやコンセプトは、自分の色を生み出し、そして「代替不可能な参謀」としてのポジションを確立してくれるからです。

具体的にやるべきことは、次のようのものです。

1 キャリアの途中で、とにかくいろいろな人に会い、夢や事業に関する話を多く聞く
2 その中で、自分がどれぐらい共感したか、応援したいかを、書く
3 興味を持ったテーマや、人の共通点を書き出し、自分が応援したいと思えるものはなにか、を理解する
4 それらのテーマのうちで、「自分がどれぐらいサポートできるかどうか」も5段階で評価し、最も応援したくて、応援できる領域が広いものを明確化し、自分の仕事に加える

当然、スキル型のキャリアの人が人生のどのタイミングで応援したいテーマや人物を見つけられるかどうかは、バラバラです。今はまだ心から応援したいテーマや人物を見つけていなくても不安に思う必要はないでしょう。たとえば、月に1人、誰かの話を聞きに行く、全く違う仕事をしている人や、起業家や事業家、アスリート、アーティストなどの本を読む、というのも大事でしょう。スキル型の人は人と会って話すことから、予想以上に影響を受けます。**そもそも、人が自分がしたいことが見つからないのは、ほとんどの場合において、まだ十分に多種多様な人間と出会っていない（＝判断材料がない）だけ**だからです。

▼意志型のキャリアのポイント

意志型のキャリアを歩む人は、最も振れ幅が大きい人生を歩む傾向にあります。漫画の登場人物でいうと、希と上山シェフが該当します。

彼らは、「自分はこうしたい」「こういうのは絶対嫌だ」「必ず成功してやる」、そういう気持ちを人一倍持っています。こういう「意志」、それらが彼らにとっての最大の資産であり、唯一無二の存在に導くパワーです。その結果、大成功する時期もあれば、大きく失敗する時期もあります。ジェットコースターのように、人生の山と谷を楽しむキャリアを歩む傾向にあります。

たとえば、わかりやすいイメージでいうと、起業家、発明家、芸術家、芸能人、ブランドデザイナー、アーティストなどになる人もいるでしょう。あるいは、もう少し違う例でいうと、消防士や警察官、国家公務員や、正義感が求められるジャーナリスト、政治家などにもいるかもしれません。あるいは、保険業界や不動産などのトップセールスマン、ナンバーワンホストなどにもいるでしょう。意志型のキャリアを歩む人は、どんな業種にもいます。彼らは、人生の若いフェーズで、大きな成功と、反対に裏切りや、葛藤なども経験することが多いでしょう。

実際、**不屈の精神、というのは、どれだけお金を積まれても買うことはできないもの**です。その意味で、意志型のキャリアを歩む人は、最も「稀有な才能」を持った人だと言えるかもしれません。それぐらい、社会にとって価値のある才能を持って生まれた人たちです。しかし、キャリアの途中でほとんどの場合、悩みにぶつかります。

というのも、世の中を見渡すと、ある程度の、社会的な成功を収めた人でも、キャリアの途中で、引退したり、やる気を失ってしまうことがあります。その理由は、「意志」は年齢とともに、キープすることが普通は難しくなっていくからです。

たとえば、漫画編の中での、土尾紀男シェフがその一例です。よっぽどのエネルギーを持ち合わせた人は別として、普通の人は、ある程度、成功すると、「もう、これぐらいでいいんじゃないか?」という考えがふとした瞬間によぎるものです。10代~20代の頃は強い意志を持ち続けていた人も、成功し、加齢とともに、その意志が弱くなっていくのは必然というか、生物として当然で、たとえるなら重力に引っ張られるようなものです。動物としてのエネルギーが落ちていく、ということです。

では、そんな意志型のキャリアの人は、20代～30代の中で、何が必要でしょうか。**それはキャリアの途中（20代～30代）で「相手に損をさせない勝ち方を学ぶこと」と、「環境を強引にでも変える方法を学ぶこと」、そして「何度でも復唱できる自分の使命を見つけること」の3つ**だと私は感じます。

意志型のキャリアを歩む人間は、往々にして、傲慢(ごうまん)で強引になりがちです。漫画編で、編集者・小林希やシェフ上山公二がそうであるように、人との衝突や、問題を必ず起こします。その際、大事なのは、人と人の成功は「Win-Win(ウィン－ウィン)」の関係でなければ、どこかでしっぺ返しを食らう、ということを理解することだと思います。

漫画編の中で、小林希は、最初、「自分の得」を中心に考えています。自分が得するために、誰かを利用する、ということです。

たとえば、冒頭15ページの、デザイナーの佐倉愛子とのやりとり、土尾シェフへの出演の交渉（41ページ）、シニア編集者・本間との衝突、などです。自分が得することを中心に考え、相手の損得はほとんど考えていません。意志型のキャリアの人は往往にして、「敵を倒すこと」「敵に勝つこと」「目標を達成すること」に重きを置いてしまうため、このような行動を選びがちです。ただ、それではキャリアの途中で限界が生まれるのは、スティーブ・ジョブズが一度自分の作った会社を追い出されてしまった例をイメージするのが、最もわかりやすいでしょう。どれだけ成果を出しても、必ず、裏切りや、世論からのしっぺ返しを食らうものです。

では、なにが大事か？　それが20代〜30代、遅くても40代のうちに「相手にも損をさせない勝ち方をしっかりと学ぶこと」だと私は思います。より正確に言うなら、相手が大事にしている価値観を理解した上で、相手にも利益を分けること、です。ここでいう利益というのは、経済的な利益だけではありません。むしろ、相手が大事にしている価値観を尊重することを指します。そこで考える意義があるのは、前述した「14の価値観（労働価値）」です。14の価値観のうちで、相手が求めているものは何か、を探し、そのうち、自分が差し出せるものを見つけようとすることです。

給与やお金という、経済的な価値は、最もわかりやすいものである一方で、それ以外の価値観は目に見えにくいものです。相手にとって、何が大事な価値観なのか？を真剣に考えるというのは、とてつもなく面倒くさくて、一筋縄にはいかないものだと思います。たとえば、漫画編の中で、小林希が相当な準備をして、対立する本間に対して、ヒアリングを行います。このときはじめて、小林は、相手が求めている価値観を理解できたわけです。理解できたものは、差し出すことができる。こうやってキャリアを積み上げていったわけです。

何度も言うように、短期的な勝利をするだけなら、意志型のキャリアを歩む人は最強であるのは間違いないでしょう。最速で、経済的な成功を歩む傾向にあります。ただ、20代〜30代で「相手にも損をさせない勝ち方」を学ばない限り、人生のどこかで、復讐や逆襲など、痛い目にあうことも多い。これは歴史を見ても世の常だといえるでしょう。

具体的に考えるべきことは、次のようなことです。

1. 自分の取引相手や、チームが、14の価値観のうち何を大事にしているのか？を考える。相手に私が提供できるものは何か？を理理解する
2. その上で、自分も利益を得られて、相手にも少なくとも損をさせない勝ち方を模索し、方針を決める

もう一つ、**意志型のキャリアの人が20代〜30代で学ぶ価値のあることは「環境を強引にでも変える方法」**だと私は考察しています。働く場所や、国、環境を人生のフェーズに合わせて段階的に変えていく術(すべ)を指します。

意志型のキャリアの人の中には、とてつもない化け物、のような人物もいます。たとえば、現代における、不屈の精神の持ち主といえば、ジャック・マー氏*が有名でしょう。絶対に

＊ジャック・マー（馬雲）は中国の起業家。アリババグループの創業者。

折れない心を持ち、何度、失敗しても、壁があっても乗り越える。ただ、実際問題、そこまで「圧倒的な強い意志」を持ち続けられる人はごく少数です。ほとんどの人は、肉体的な衰えと、社会的な成功を手にするにつれて、強みである「意志」が落ちていくものです。

その際、大事なのは何か？　それは、環境を強引にでも変える方法を学ぶこと。これは、たとえば、野球やサッカーをやっている人が、あえて、強豪校に入り、厳しい環境に身を置く、ということをイメージするとわかりやすいでしょう。環境にお金を投資し、強いプレッシャーを自分に与えていくことです。

大成功した経営者には、「無理をしてでも、借金をしろ」という人がいます。私は、昔、この言葉の意味がわかりませんでした。ただ、今になって、それは「無理をしてでも、金を作り、環境を変えて、プレッシャーをかけ続けろ」ということなのではないか、と解釈するようになりました。若い頃の孫正義氏＊が、当時のソフトバンクグループにしては、莫大な量の借り入れをして、事業を買収していったのがわかりやすいでしょうか。つまり、あえて自分にプレッシャーをかけ続ける、それが「意志型のキャリア」の人間にとっては重要である、ということでしょう。

意志型のキャリアを歩む人が、もし、さらに高みを目指したいと感じるのならば、次の方

＊孫正義は日本の実業家。ソフトバンクグループの創業者。

法を、20代~30代までに身につけることが大事だと考えます。

1 自分がこれまで環境を変えたタイミングを、年齢別に書き出す
2 そのタイミングでの環境の変化が自分にどのような影響を与えたのか、そのときどんな感情だったのかを言語化し、洗い出す。それらをポジティブなものとネガティブなものに分ける。その差を生み出したものは何かを考える
3 今の自分が時間を使っているものや環境のなかで、より強いプレッシャーをかけるために変えられそうなもの、反対に、もう何年も変わっていないものを洗い出す
4 1~3の要素を参考にし、直近2~3年のなかで、変えるべき環境を明確にし、そのスケジュールを決める
5 最後は、何度も復唱できる、自分の使命を見つけること

最後に、ある程度の成果を出した意志型のキャリアの人が最終的にぶつかるのは、間違いなく「自分の心の弱さ」です。心の弱さというのは、一瞬でもぶれてしまいそうになってしまう自分、ということです。そのとき、自分がぶれないように生きるためには、自分のなかで何度も復唱できるような、自分なりの使命や信念を持つこと、だと思います。そして何度も復唱することです。これが重要です。

▼チーム型のキャリアのポイント

3つ目が、チーム型のキャリアを歩む人です。

「チーム型のキャリア」とは、人やチーム、モノへの情愛をもとに、キャリアを作っていく人たちです。漫画編の中では、西村誠（マー君）や、本間健太郎（シニア編集者）がそれに当たります。

チーム型キャリアを歩む人は、最も「環境や出会いに、影響を受ける」傾向にあります。言い換えれば、人生の途中で、素晴らしい師や出会いに恵まれれば、誰よりも愛され、尊敬され、そして幸せなキャリアを歩むことができます。一方で、人との出会いや、縁に恵まれなかった場合、苦悩や不安の多いキャリアを歩む傾向にあります。

その理由は、この種のキャリアを歩む人は、自分自身にそれほど強い意志や、生まれ持った強い術（すべ）を持っていないため、キャリアの途中で、「誰か」によって、引き上げてもらう必要があるからです。（漫画編では、誠にとって希との出会いがまさにそれでした）

その結果、たとえば、行き着くところとしては、コンサルタントなどの顧問業、コーチ、事業会社の人事責任者、教育者、富裕層向けの個人営業や、起業家や経営者の専属秘書、などのキャリアを歩んでいく傾向にあります。職種としてはややサービス業や、定性的な技術が必要とされるものです。チーム型のキャリアを歩む人は、自分自身が受けてきた恩を自分だけで独占しようとしません。その結果、彼らの周りにいる人間や、仲間を引き上げることができます。

では、そんな「チーム型のキャリア」を歩む人にとって大事なことはなんでしょうか?

一つ目は職種・場所選び、だと私は考察しています。チーム型のキャリアを歩む人の強みは、人間性にありますので、彼らがキャリアを積み上げていくには、まず、その強みを活かせる職種を選ぶことが重要になります。場所選び、ということです。**もう一つは「人を見る力」の習得です**。

まず、一つ目から見ていきましょう。

たとえば、接客の仕事一つとってみても、その中身は本当に多種多様です。接客業と一括りに言っても、いろいろなルールの仕事があります。その上で、チーム型のキャリアの人が

30代以降で選ぶべき仕事というのは、お客さんとの接触が単発で終わる仕事（ex.タクシー運転手や、スーパーのレジ担当など）ではなく、より長期的な関係を築ける仕事（リテール営業や、コンサルタント、富裕層向け不動産売買の営業など）にあります。長期的な関係を築ける仕事のほうが、自らの強みを活かしやすいため、キャリアを積み上げやすくなります。漫画編では、本間が「チーム型のキャリア」のタイプですが、まさに、編集者の仕事も、人との繋がりが蓄積されていく職種の一つです。

そんなチーム型のキャリアを歩む人が、もう一つ、20代〜30代で身につけたほうがいいことは、「人を見る力」だと私は思います。

なぜなら、チーム型のキャリアを歩む人で、キャリアに苦しむ人は、この「人を見る力」が欠如しているケースが多く散見されるからです。言い方を変えるならば、**チーム型のキャリアを歩む人は根が真面目で優しいため、やや騙されやすい傾向にあります**。人が話す言葉に少しだけ騙されやすいのです。

「言葉」は大事といいますが、私はそれはかなりが嘘だと思っています。そもそも、「言葉」というのは、最も嘘がつきやすいツールの一つです。そして、言葉によって、その真偽を見極めることは、実は相当に難しいことだからです。

これは思考実験を行えば、わかりやすいでしょう。「言葉」は今この瞬間でも嘘をつくことができます。たとえば、1000億円持っている、という言葉があったとしましょう。この言葉は、今、この瞬間、誰でもつくことができる嘘になりえます。一方で、当たり前ですが、実際に1000億円持つことは、極めて長い積み重ねが必要なのは言うまでもありません。つまり、言葉は嘘をつきやすく、行動や習慣は嘘をつきにくい、ということです。

「何を当たり前なことを言っているんだ」「何が言いたいんだ」と思われたならすみません。ただ、重要なのは、これはグラデーションの問題だということです。

おそらく、ほとんどの人にとって、目の前に「私は1000億円持っている」という知らない人が現れたら、「嘘だろうな」と思うはずです（少なくとも私はそう思います）。ただ、それが、たとえば、1000億円ではなく、1億円ならどうでしょうか？　服装を見ます。たしかに、高級そうな腕時計と靴を身に着けています。ある人は「嘘だ」と思うでしょうし、ある人は「もしかしたら本当かもな」と思い始めるのではないでしょうか。実際、この国で1億円持っている人は、現実的に2・4％以上存在するからです。

では、その金額が1000万円ならどうでしょうか？　100万円ならどうでしょうか？　1万円なら？　1000円ならどうでしょうか？　その割合は変わっていくはずです。

何が言いたいのか、ややこしくてすみません。私が言いたいことは、どの時点で、「これは嘘だろうな」と思うかは、実際は、極めて個人の価値観や経験によるということです。結局、言葉というのは、グラデーションが存在しており、最も嘘かどうかを判断するのが難しいものです。そして、チーム型のキャリアを歩む人は、この言葉に対する感度がやや低い傾向にあります。なぜなら根がいい人だからです。そのため、人の言葉を信じすぎる傾向があるのです。結果、キャリアの途中で苦しんでしまうことが起き得るのです。

私自身は、人間として情愛が強い人が大好きだからこそ思いますが、チーム型の人が、「人を見る力」を20代~30代で身につけたほうがいいと考える理由はここにあります。キャリアを歩む上で、成長を拒む要素だからです。

では、どうやって、その力を身につければいいでしょうか。ここでは、「**視観察**」というフレームをご紹介します。これは実際に、私が知らない人と初めて対峙(たいじ)する際に、大事にしている視点です。

1. 視る　：行動を見る
2. 観る　：行動の動機を見る
3. 察する：何に幸せや、満足を得るのか、という価値観を見るより具体的には「**行動・動機・価値観**」**の3つに分けて、その人の真意を見る**ことです。

1つ目は、行動を見ること。

言葉ではなく、行動にこそ、人の真意は表れる。当然ですね。たとえば、経営者でいうならば、どれだけ「私は従業員を第一にしています」と言っていても、自分は豪遊に豪遊を重ねているとしたら……、それは行動こそが、その人の本質を表すのはいうまでもありません。ここまではよく言われることです。大事なのは、ここからです。

2つ目は、行動の動機を見ること。

行動は言葉よりも、嘘がつきにくいものですが、一方で、知恵のある人間は、行動も自分でコントロールすることができます。これは、たとえば、「異性の前だと、いい格好して評判がすごく良いけれど、同性の前だと、性格が悪い人」をイメージすればわかりやすいでしょう。行動の裏には、動機がある。その動機を見ようとすることです。

3つ目は、価値観を見ること。

これはより具体的には、その人自身が、「何に満足を感じるのか。何に幸せや悲しみを感じるのか」を知ることです。動機というのは、往々にして、言葉によって嘘をつくことができます。たとえば、面接をイメージしてみましょう。面接者に対して、あなたはなぜこうしたのですか？　なぜ、この会社を選んだのですか？　と聞いた際に、知恵のある人間は、それにもっともらしい理由をつけることができます。つまり、動機すら言葉で嘘をつけるわけです。しかし、その人自身が何に満足や幸せを感じるのかには、真実が表れます。価値観は、如実に真実を表すわけです。

「なるほど、理屈はわかった」「でも、実践するのは難しそうだ」

と思ったかもしれません。たしかに、それはその通りです。では、どうやって動機や価値観を見るのか？　それにはコツがあると私は感じます。

まず、**最もシンプルな方法は、「動機をきちんと聞くこと」**です。これは面接をイメージするとわかりやすいですが、たとえば、高校の野球部でマネージャーをやっていた人がいるとします。その高校は、全国でも強豪校で、全国大会に出たとします。この際、ほとんどの場合、その「成果」を見ようとします。しかし、もっと、その人の本質を表すのは「行動の動機」です。なぜ、その高校を選んだのか。野球部を選んだのか。マネージャーを選んだのか。なぜ、そこまで頑張ることができたのか。

これら「動機」というのは、大人になると意外と聞かなくなるものです。それは、自分自身が「**なぜ」を忘れて生きているから**にほかなりませんが、重要なのは「行動の動機」を聞くことを増やす、ということでしょう。

もう一つ、人の動機を知る際に、大事なのは、「**誰も見ていないときに、何をしているのか**」**を知る**努力をすることです。そもそも、頭がいい人というのは、「人がいる前」では、行動を完璧にコントロールすることができます。ただ、誰も見ていないときや、相手が見ていないときに、その人がとる行動には、真の動機が出るものです。

何を言ったのか、ではなく、誰も見ていないときに、何をしているのか。**休みの日に何をしているのか、他の人が何も動いていないときに、何をしている人なのか、そこにその人の本質が表れるものです。**

最後に「人の価値観」を理解する方法ですが、それは、**最もその人が楽しそうに話すこと、幸せを感じる瞬間やシーンを見つけようとすること**です。たとえば、目の前に二人の人がいたとしましょう。一人は、表情がむすっとして、無愛想な人。言葉数も少ない。一方で、もう一人は、表情豊かで、話が上手。頭も良さそうです。

私たちは普通、コミュニケーション能力が高そうな人を過大評価しがちです。ただ、実際にその人が成果を出せるか、というと全く別物です。ある有名な経営者と話したとき、「結局、**成果を出せるかどうかは、ポジティブかネガティブかは関係なく、粘り強く前に進めるかどうかでしかない**」と言っていました。私もそう思います。

結局、**その人自身が「本質的に何に感動して、何に涙を流し、何に喜ぶのか」は最も嘘がつきにくい**ことです。その人が最も幸せそうに話すことはなんなのか、何に喜びを感じているのか、そのためにどういう行動をとっているのか、それを知ることで、本質的な価値観を知ることができます。

これが「視観察」というフレームワークです。

さて、ここまで説明して「なんとなくわかったけど、実際に使うのは難しそうだな」と思った方も多いかもしれません。より深く理解するために、漫画編を題材にしてみましょう。

小林希は、どんな行動をとり、その動機は何で、どんな価値観を持っていたでしょうか。あるいは、土尾シェフは、どうだったでしょうか。

たとえば、土尾シェフがわかりやすいでしょう。漫画編の序盤で、帰国したばかりの上山シェフは、土尾に不信感を持ちました。その理由は、土尾シェフの行動にありました。新作を自分で決めなかったり、若いシェフに対して厳しく接しなくなったからでした。この時点で、上山は、土尾に不信感を持ちます。上山シェフはこう邪推しました。

「土尾シェフは、もう才能も自信もなくなった。だから、自分で決めようとしないし、厳しくも接しない」と。その上で、土尾シェフを出し抜くことを画策しました。

ですが、実際はどうだったでしょうか？　土尾の動機は不純なものだったのでしょうか？　実際は違いました。

土尾は、自分の年齢的な衰えを感じつつも、後進を育てること、働く人々のキャリアの自立を心から望んでいました。つまり、彼がなぜ、自分で決めな

くなったのか、必要以上に厳しく接しなくなったのか、**それは彼自身の動機が「自分が成功すること」ではなくなったからでした。**土尾シェフは一人のシェフとしてだけではなく、**経営者として「人を育てること」に喜びを感じた**のでした。これを表にまとめると以下（表－3）なります。

このように、人は自分の視座や考えで、人を邪推する傾向にあります。**それは言葉と行動でしか、人を見ていないからです。**特に、チーム型のキャリアを歩む人は、善意で、人を見ようとする傾向にあります。そのため、騙されやすく、搾取（さくしゅ）されてしまう可能性を秘めています。

だからこそ、20代～30代のキャリアの序盤で、この「人を見る力」を身につけることが極めて重要だと私は感じます。

実際、この力は、何度も仮説と検証を繰り返すことで確実に、自分自身の武器になりえます。繰り返すことで、あなたのキャリアにとって必ず、プラスになるはずです。

▽表－3

	上山から見た視点	土尾の視点
視るの視点（行動）	・新作決定を若手に任せるようになった。 ・若いシェフに対して厳しく接することがなくなった	
観るの視点（動機）	土尾は、自分の味覚に自信がなくなったから自分で決めなくなったのだ	まもなく自分は引退するからこそ、若い人にチャンスを与えてあげたい
察するの視点（価値観）	最高のショコラを“自分の手”で作ることがシェフにとっては全て	ショコラを作る以上に、働く人々のキャリアの自立を望む。

具体的にやるべきことは、次の3つになります。

1. 最近気になった誰かの発言を、「言葉と行動」に分離させてメモをとる
2. その行動から、動機を推測する。その動機がもし正しければ、その人が本質的に充足感を感じる瞬間はどんなときなのか、自分の仮説を立てる
3. 何か事象が起きたときに、言葉と、行動を分けてメモを取る習慣をつける

▼バランス型キャリアのポイント

最後に、バランス型キャリアを歩む人は、知恵・情愛・意志をバランスよく持つことが特徴です。彼らは、どんな組織やチームでも、そつなく成果を出していきます。

結果、最も着実にキャリアを進めていきます。

職種としての、偏りはありませんが、バランス型キャリアの人は、合理的な判断をする傾向があるため、「成果を出した分だけ、評価と報酬に跳ね返ってくる職種やポジション」に落ち着くことが多いでしょう。というのも、バランス型キャリアの人間は、ある意味で最も感性が鋭く、世の中やチームの空気を読みながら、自分を変えていくことができるためです。言い換えれば「自分にとって、適切な場所」を選ぶ力に長けているのです。

その結果、大きな会社の主要な事業部や、経営管理、事業企画、企画職などのキャリアを歩んでいく傾向にあります。あるいは、世の中の動きに合わせて自分を変化させていく職種、たとえば、アナリストや、マーケティング職、広報やPR職、プロデューサー職などになるケースもあります。また、営業や、技術に強みを持つ人であれば、それらの部署の中間管理職になるケースも多くあります。

漫画編であれば、編集長・横田航が最もわかりやすいですが、彼は、「自分は若い頃、ずっと転職ばかり考えていた。でも結果的に今の会社に残ることにした」という旨の発言をしています（146ページ）。

この考えは、バランス型キャリアによく見られる思考の一つです。

というのも、**バランス型キャリアを歩む人は、「自分の軸」が相対的に弱いことが魅力でもあり、課題**だからです。意志型や、チーム型のキャリアを歩む人というのは、「自分の軸」を持っていることが多く、大事なタイミングでは、費用対効果を無視して、自分のエネルギーを何かにつぎ込むことができます。たとえば、「チームのために頑張る」や「夢のために頑張る」ということです。

バランス型キャリアの人にももちろん、それらはありますが、比較すると、「意志」や、「情愛」が弱いため、結果的に、冷静に「自分にとって最も成果を出しやすく、評価と報酬が見合っている場所」を選ぶ傾向にあります。これは生きる戦略としては正しいものです。

普通、彼らは、社内調整や、全体を見ながら動くことができるため、多くの会社で極めて重宝されます。漫画編の中で、編集長の横田が、経営陣からの脅しに屈したように、バランス型の人は、いい意味で、忖度ができ、処世術に長けています。そして、これは組織にとって必ずと言っていいほど、重要な役割です。どんな会社でも、必ず、価値観のズレは存在しています。彼らはその間に入る潤滑剤のように、組織のほころびを防ぐ力に長けています。

では、バランス型キャリアの人が、20代〜30代のときに特に身につけるべきことはなんでしょうか。

それは2つあります。**1つは、早い段階で、人を率いる経験を積むこと**、より具体的には「人を真剣に育てる経験を積むこと」だと私は思います。重要なのは〝真剣に〟という部分です。人に対して、真剣に向き合い、人を育て、そしてリーダーシップをとる経験を積むことでしょう。漫画編では土尾や横田がまさにそうでした。**もう一つは、きちんと成果をアピールする術を身につけること**だと私は思います。

一般論として言われることですが、ビジネスにおけるリーダーシップは、平時と有事で異なる、と言われます。平時、つまり、変化が少なく、安定したタイミングで求められるリーダーシップと、有事、つまり、変化が激しく、安定しないタイミングで求められるリーダーシップは似て非なるものです。

イメージしやすくするために、例をあげると、潰れかけの会社では、強烈な意志を持ったリーダーが成果を出せても、業績が安定してくるとその必要性は下がる。もう少し安定してチームを見られる人が必要になる。

こういうことを想像するとわかりやすいでしょう。

そして、バランス型キャリアの人は、まさに、「平時のリーダーシップ」に強いタイプだと私は考えます。事業が安定して、成長フェーズに入ると、その際、企業の命運を分けるのは、人を育てる力であるのは間違いありません。

バランス型キャリアの人間は、他のキャリアの人間と比べて、特徴が少なく、やや「目立ちにくい」ものです。その分だけ、意志型のキャリアや、スキル型のキャリアなど、他のタイプの人間をバランスよく育てることができます。ただ、その際に重要なのは〝真剣に〟人と向き合う経験を持つことです。ここでいう真剣にというのは、厳しいことも面と向かって言うこと、自分で自分の意見をしっかりと正面向かって言うことです。真剣かどうか、というのは、ある意味で嫌われる可能性を孕(はら)むかどうか、です。

たとえば、漫画編でいうならば、横田が出世することができた理由も、土尾シェフが尊敬される理由も、「部下を育て、率いることができたから」に帰着します。では、彼らは甘い言葉や、優しい言葉だけを言っていたか？　というと全く違いました。むしろ、彼らほど人と真剣にぶつかり、厳しいことも言える上司はいませんでした。それは「嫌われること」「否定されること」を受け入れることでもあるわけです。

バランス型のキャリアを歩む人は、とても器用です。したがって、自分と違う価値観を持った人と〝真剣に向き合わなくても、うまく付き合う〟ことにやや逃げてしまいがちです。ただ、それでは、キャリアの壁にぶつかる可能性があります。なぜなら、意志型やチーム型、スキル型といった明確な強みを持った人物が成長し、いずれ追い越されてしまうからです。結果、便利な人で落ち着いてしまうのです。

もう一つ、バランス型キャリアを歩む人が大事なのは、きちんと成果をアピールする術を身につけることだと私は思います。前述したように、バランス型キャリアの人は、いい意味でも、悪い意味でも、自分の立ち位置をよく理解しています。サッカーでいうと、ボランチのように、自分のポジションを客観的に把握し、俯瞰（ふかん）しています。

その反面、自分のことを過度にアピールするのを嫌う傾向にあります。本当はすごい実績を出していても、自分をメタ認知しているため、どこまでいっても「とは言ってもな」と思い、積極的に自分をPRすることを嫌う傾向にあります。

みなさんの周りにもそういう人はいるのではないでしょうか？

漫画編でいうならば、横田は早い段階で「編集者としての才能は、小林希には勝てない」ということを理解していました。バランス型キャリアの人間は、こういう思考をする傾向にあります。

横田の場合、小林希の覚醒により、キャリアを上げることができましたが、実際のビジネスの世界では、そうそううまくいくわけではありません。バランス型のキャリアの人は、技術や、人間性、意志など、ほかに極めてわかりやすい強みを持たない分、自分は何をしたいのか、どういう成果を出したのか、を自分が思っている以上に強くアピールする必要が出てくるでしょう。

その際に**オススメなのは「自分のレジュメ」を定期的に作っておくこと**、です。自分の成果や作ってきたものを定期的に棚卸しし、ドキュメンテーションにしておくことです。具体的には、以下の方法です。

1 これまで自分がやってきた仕事や、成果を、紙に書き出してみる。成果を生み出す過程で必要だった技術を書き出しておく
2 自分のレジュメや履歴書を、普段から作っておく癖（くせ）を持つ
3 20代〜30代のうちに、人を率いる経験を積んでおく

なぜ、これが大事なのか、というと、2つあります。**1つは、繰り返しになりますが、バランス型キャリアを歩む人は、自分の価値というものを自分にも周りにもきちんと伝える必要がある**からです。人は印象論で何かを決めがちですが、ファクトや事実は裏切りません。まずは自分自身が自分の成果を客観的に残すことで、そのあとのコミュニケーションコストがぐっと下がるはずです。**もう一つは、自分がこれまでやってきたことの中から、自分が本当に熱中できることは何か、を探すため**です。前述したように、バランス型キャリアの人は、なんとなく周りの空気を読みながら、最適な仕事をこなしていくことがとても上手です。その分だけ、自分がしたいことより、求められることを優先しがちだからです。自分の実績を棚卸しし、自分がしたいことは何か、どういう状態なら大きな成果を出せるのか、を知ることで、自分の中の強みを再発見するきっかけになりえるからです。

自分をアピールすることは、バランス型キャリアの人にとっては、違和感のある行為の一つです。「自分の美学に反するから、嫌だ」と思うことも多いでしょう。気持ちはよくわかり

ます。ですが、ビジネスはある側面では、戦いですから、自分にとって大事なものを守り抜くために、大事なタイミングでは、普段より強くアピールすることをぜひ意識してみてください。

第3章

独白編（生き方編）

「これからの生き方が問われている」

30歳を過ぎたあたりから、そう思うことが増えてきました。

キャリアも30歳を超えてくると、昔の仲間であった同僚や同期たちの中に明暗が少しずつ分かれ始めます。それは単に「出世しているか」「有名になっているか」「お金を稼いでいるか」などそんなどうでもいい短期的な話ではなく、もっと本質的な「諦め」や「人生を持て余している感覚」があるかどうか、です。言い換えれば、仲間の中から活躍し生き生きと夢を語る同年代も出てくる一方で、30代半ばにして既に世の中の固定観念に縛られ、自分の過去の栄光にしがみついて生きている人も出てくる、ということです。その共通点はシンプルで、才能や能力を持て余した日々を過ごし、なんとなく不満をかかえているということ。そういう悲しい話を聞くことが少しずつ増えるようになりました。

当然ながら、どう生きるかなどは人それぞれ。本質的には大きなお世話です。あるいは、経済的に苦しい中で自分のことだけでいっぱい、いっぱいになるのは理解できます。ですが、そういう話を聞く際に共通するのは、その割に、若い頃は、勉強や部活を必死に頑張ってきた人たちだったりすることです。むしろ、若い頃に経済的にも豊かな家庭に育ってきた人や、誰もが知る企業に勤めていたりする人ほど、「なんか漠然とした持て余している感覚」を持っていたりするものです。私はその現象に対して、毎回「なんで、早くも人生持て余している気分になるんだよ。まだ人生、始まったばかりじゃないか……」と内心では思います。ただ当然、そんな言葉を口には出しません。彼らも求めていないことを私自身も重々知っているためです。しかし、同時に「なぜこんなことが起こってしまうのか」と不思議にも思い、「自分より若い人たちにはできる限りそうなっていってほしくない」とも思います。

かつてあれだけ輝いていた仲間やあれだけ夢や目標を語った仲間、楽しそうにしていた後輩、自分よりもはるかに勉強もできて頑張ってきた仲間が、60代ならまだしも、30歳前後でビジネス人生を持て余す感覚を覚え、それだけならまだしも、その中からは、高みの見物を決めて「あぁ、あれはこうだよ」といった感じで他人の人生の評論家に成り下がる人も出てくる。その根本的な理由はなんなのだろうか、と。

私は、それは「これからの生き方」が定まっていないこと、だと最近思うようになりました。

ここでいう、生き方、それは価値観を体現した「習慣」そのものを指します。習慣とは、日々の連続した、時間の使い方を指しており、価値観とは自分の人生にとって大事な要素を強く優先順位づけしたものです。この「生き方」は、必ずしも、仕事をどう頑張るか、ということではありません。たとえば、著者の私自身は仕事を愛していて、楽しい日々を30代で過ごしていますが、すべての人にとって仕事が最優先であるべきだとは全く思いません。むしろ、多くの人にとって仕事とは人生のごくごく一部ですし、すべてではないこともよく理解しています。あるいは、これまで散々述べてきたように、価値観なんてものはたくさんあり、良し悪しなど存在しません。１００％そうです。

では何が問題なのか、というと、それは自分の価値観を明確に理解していないがゆえに、「これからの」自分の人生の生き方を決めていないことだと思います。

忘れられない2つのコンビニ

「これからの生き方」、これを考えるのはとても面倒くさいことです。怖いことです。何より答えが見えない分、先延ばしにしたくなるテーマです。ただ、今の世の中では間違いなく必要になっているテーマだと私は思っています。

私は小さい頃、兵庫県西宮市で育ち、阪神・淡路大震災を経験しました。まだ小学校低学年だったため、明確に記憶に残っていることはそれほど多くはありません。ですが、とてつもなく鮮明に覚えていることが少しだけあります。

一つは、自宅の近くにあった、コンビニの話です。私たちが住んでいた地域は、震源地の近くだったということもあり、震災直後、ガスも電気も水道もすべて止まり、しばらく便利とは言えない生活が続きました。交通網も十分ではないなかで、震災後すぐに、家の近くには特徴的な2つのコンビニエンスストアがありました。一つのコンビニでは、震災後、インフラが止まると急に、商品の金額をべらぼうに釣り上げはじめました。当然、私たちは、物資が足りておらず、十分に火や水が使えない状態なので、菓子パンや、おにぎり、非常食といったものの需要が大きくなります。おそらく、店舗の店長は、それを見越して利益を出そうとしたのでしょう。だから値段を引き上げたようでした。私たちは、なんともいえない感覚を覚えたのを記憶しています。

一方で、全く逆のことをした店がありました。その店は、私の家からは少し離れた場所にあったのですが、そのコンビニエンスストアでは、商品をむしろ安くし、その代わり、「一人一点まで」というように、多くの人に商品が届くように制限をかけてくれました。

今振り返れば、彼らも資本市場の世界のなかで戦っていたので、どちらが善で、どちらが悪かではない、と私自身は感じます。ただ、幼いながらに私はこの2つのコンビニ経営を見て「経営者の生き方そのものが現れているな」と思いました。そして、結果的に、復興を終えた後、前者の価格を釣り上げた店舗は、当時のことを覚えていた地元民から嫌われ、結局、すぐに廃業してしまったのを見て、因果応報とは、まさにこのことだな、と感じました。ただ、これはある意味で、私が見たものの「序章」でした。

なぜなら、もっと印象的なことがあったからでした。復興するなかで、さらに深く印象に残ることがあったのです。それは仮設住宅と呼ばれる臨時の家を巡る、住民と、周りの人間の変化でした。

仮設住宅で見た人間の本性

震災当時、壊滅的なダメージを受けた私の地元には、多くの臨時の住宅が建てられました。「仮設住宅」と呼ばれるものです。その多くは、公園に建てられ、普段子どもたちが駆け回っていた空間はすべてなくなりました。水は、週に何度か、給水タンクを積んだトラックが地域を回り、そして長い列をなして、私たちは家族全員分の水を調達していました。電気やガスがないし、不安なので、一家みんなでリビングのこたつに潜って寝ました。水は止まり、ガスも止まっていましたが、私たちは支え合いながら生きていました。

その中で、人は本当に「生き方が問われるものだな」と感じることが何度もありました。

一つ目はポジティブなもので、職業や年齢に関係なく、自分より他人を優先できる人がいたこと。たくさんの見ず知らずの人が、私たちを助けてくれたことです。私たち、というのは私の家族というだけではなく、地域の人たちです。多くのボランティアの人がかけつけてくれました。あるいは、それは家族もそうで、知恵を使いながら家族を守ってくれた父や母、そういう姿を見て、生き方そのものだと感じました。

そして、苦しいときでも、人は誰かを助けることができる。人は、自分が苦しいときでさえ、周りの人と支え合うことができる、そう感じていました。しかし、その感想が、全く逆になったのも、この震災がきっかけでした。

それは、何年か経った頃でした。

被災した人々が住んでいた仮設住宅は、数年経つと、少しずつではありますが、退去できる人が増え、空き家が目立つようになってきました。私自身は完全に普通の生活に戻っていましたが、私の家の近くの公園には、まだ仮設住宅が残り、そこで生活されている方もたくさんいらっしゃいました。そこにいらっしゃる方は、まだ普通の生活に戻れていない苦しい状態でした。

私は当時、子どもだったので、公園が使えないことは不便だと思いながらも、自分もまた苦しんだからこそ、我慢するしかないなぁ、と思っていました。

しかし、ある日、学校からの帰り道、その仮設住宅に住む人に向けて、暴言を吐く人々を見ました。それは、端的にいえば、「さっさと出て行け」とか「いつまで住んでるんだ」という言葉でした。あるいは、仮設住宅に落書きをしたり、その人の家にゴミを捨てるなどの嫌がらせをして、罵倒(ばとう)し、一刻でも早く追い出そうとしている人もいました。

幼い私がすごく鮮烈に記憶に残ったのは、その暴言そのものではなく、暴言を吐いた人たちが、近隣住民、つまり元被災者たちだったことでした。

幼い私は、その光景を見て、愕然（がくぜん）としました。

なぜなら「自分たちも被災し、たくさんの人に助けてもらったにもかかわらず、人間というのはこんなにも簡単にあのときの恩を忘れ、同じように苦しんだ他者を攻撃できるのだ」と感じたからです。他の地域から来た人ならまだしも、私たちだって被災し、支援してもらってきたにもかかわらず、たった数年経っただけで、自分と同じような、いや、自分たち以上に被害を受けた人のことを容易に攻撃できるようになる。

それが人間なのか、と思いました。

私はこのとき、人間というのは「生き方」だけは嘘がつけないものなのだ、と確信しました。年齢や国籍、職業などは関係ない。

人は言葉で嘘をつくことができても、長い目で見たときの行動では決して嘘がつけない。

それが真理であると。

人間の本性というのは、苦しいときにこそ出るものです。コンビニエンスストアの例は、皆が苦しいときに経営者としてどう生きるか、そのものでした。あるいは、仮設住宅に住む人に暴言を吐いた人は、人間として、他者に向かってどう生きるか、そのものでした。

過去ではなく、「これからどう生きるか」が問われる時代に

そして、今、私たちはまた「これからの生き方」を考えるタイミングに入ったと私は感じています。

相対的に寿命が長くなり、この国では終身雇用は終わりつつあります。世界的な疫病で大事な人を亡くした人もたくさんいて、その恐怖を世界中が共有しています。あるいは、リーマンショックのように資本市場は大きな反発を起こすことがあり、人の欲は際限がないと感じることも多くあります。

そんな時代に、私たちが問われているのは「これからの生き方」です。過去ではなく、これからどういう生き方を選択するか、でしかない。私はそう感じています。

私は常日頃から、人がもし何者かになりたい、どこかの領域で一目置かれる人物になりたい、誰かを真に支えられる人になりたい、そう思うならば、人生のどこかで孤独になる時間を許す必要があると思っています。

他の人と違うこと、自分の信じた道を行くこと、過去ではなくこれからの生き方を決めること、悩みながら決断すること、これを選ぶとき、誰もが孤独になるもの、不安になるものです。なぜなら、過去と決別する必要があるからです。あるいは、自分の弱さと向き合わなければならないからです。

その孤独になる時間を支えてくれるのは、他人でも友人でもなく、やはり「自分」であり、自分が感じていることを信じられるかどうか、だと感じています。

それは「生き方」であり、論理では完全には証明することはできないものです。

そもそも、他人に説明する必要なんてないものです。自分が本当に親しいと思える仲間や、家族にだけじんわりと伝わればいいもの。それが生き方であるのだと。

感性とは何か？

さて、この本はどんな本なのかを、一言で言うならば、それは、「感性を磨くための本」だと私は思っています。多くの人と同様に、私も若い頃、人生の生き方にたくさん悩んできました。なぜ生きているのか、なぜ勉強するのか、なぜ自分はもっと裕福な家庭に生まれなかったのか、なぜもっとカッコよく生まれなかったのか、なぜ自分には才能がないのか。そんな凡庸でダサいテーマまで、ありとあらゆるテーマについて悩み、そして苦しんできました。その根源的な悩みの理由は間違いなく「自分の感性」にあったと分析しています。私は一種の病気だと思うぐらい、幼い頃から感性が鋭い子でした。何度も「なぜもっと、心が図太く、強い人間に生まれなかったのか」と考え、悩んだこともありました。当然、死について考えたことも何度もあります。しかし、今になって思うのは、感性はいずれ自分の武器になる、ということです。

感性とは、違いに気づく力。

当たり前だといわれることに疑問を持つ力。皆が、Aというが本当はA'ではないか、と疑問を持つ力をここでは指しています。そして、私に限らず、このような感性を持つすべての人は、若い頃、たくさん悩んできたはずです。私はこの本を通じて、「感性はやがてあなたを救う武器になるよ！」と大声で伝えたい、と思います。かつて私は、学校に行きたくてもいけない子の家庭教師をしていた時期がありました。その中の一人に、体に病気があり、繊細すぎて、毎日苦しんでいる子がいました。当時、私はそんな彼を勇気づけるために、こう言いました。

「今は苦しくても、いずれその感性は自分を救う武器になるよ」「だって僕もそうだったから」と。

そして今、同じような悩みを持っていた仲間や、今まさに渦中にいる人にどうやって感性を武器に変えるのか、その方法論をできる範囲で伝えたい、と思うのです。それがお節介であることはわかっていても、です。なぜなら、それこそが私がやるべき使命の一つだと感じているからです。

当然、ビジネスの世界を生きていくにはある種の「強さ」が必要です。感性を持っているだけではダメで、それを「お金に変える力」がなければ感性は寝言で終わります。それが技術です。

技術とは本来、自分の感性をお金に変える力です。しかし、技術を身につけるためのマニュアルは世の中にたくさんあります。いくらでも身につけられるものです。ただ、根源的な、感性をどうやって武器に変えるのか、そして、生き方に活かすのか、それは相当に難しいテーマであり、これこそがこの本のコアテーマの一つです。

思い返せば、ビジネスや芸能、家庭や学校、どんな世界でも一目置かれる存在の人は、独自の感性を成果に変えることに長けた人です。一見すると力強く大成功した起業家でも悩みが一つもなかった、なんて人は聞いたことがありません。それぐらい、悩むことや、自分の感性に基づいて苦しむことは長い目で見ると財産になるものです。若い頃は邪魔でしかないものであっても、その苦しんだ経験やその悩みは、悩んだ分だけ、いずれあなたを救う武器になる。

感性は一目置かれるための力強い、あなただけの武器なのです。

ではどうやって、感性を磨くのか、それは、体験を観察し、違いに気づいていくことだと私は思っています。

やりたいことを実現できる人、キャリアで成功できる人というのは、まず自分のことをよく知っています。自分自身の強い面と弱い面の両方とたくさん向き合ってきた分だけ、自分が一番心地よい状態、一番得意な戦い方を理解しているものです。そのためには、いろいろな考えや、話、体験を通じながら、自分との「差分」に気づいていくものです。

たとえば、自分と他人は何が、〝どう〟違うのか、あるいは、今の自分はずっと同じように見えても、1年前の自分とは何が〝どう〟変わったのか？ 若い頃の自分と今の自分は、何が変わらなくて何が〝どう〟変わったのか？ あるいは、なぜ、あの意見には賛成できるが、なぜ、あの意見には賛成できないのか？

主観的に体験したことを、客観的に分析する、この繰り返しです。この繰り返しこそが、感性を磨くものだ、と私は思っています。

人はなぜ、物語を読むのか。

古今東西、世界中に物語は存在してきました。ギリシャ神話から古事記、映画やドラマや漫画。それらはどの国にも、どの時代にもあります。なぜでしょうか？ 第2章でも少し触れましたがそれは、物語という装置は、最高の学習ツールでもあるからではないでしょうか。わかりやすく、そして読むタイミングや人によって気づきを得るものが変わっていくもの。だから深みがある教材になりえる。インターネットが普及した世界で、知識や情報を得ることはとても簡単にできるようになりました。しかし、そのインスタントな情報だけでは、絶対にあなたを特別な存在にはしてくれません。なぜなら、誰でも同じ情報を得られるという意味は、それだけであなたは決して特別な存在にはなれないということを示しているからです。

誰もが労力をかけずに、同じ情報を簡単に手にすることができるため、違いが生まれないからです。

重要なのは、何を洞察し、どんな違いを見出すか、その感性を磨く経験です。物語の強さとは、自分だけではなく他者の人生を追体験できることです。本書『これからの生き方。』は、そのための教材の一つだと私は思っています。

今回はそこに新たに「漫画」と「インタビュー」形式（巻末付録）という手法を取り入れることで、普段自分とは全く関係なさそうな人の価値観に自然と触れられる、そのような形を目指しました。

感性を磨くこと。そのメリットは実は、もう一つあります。

それは「自分の人生に熱中するもの」を見つける確率を高めること、だと私は思っています。私たちは普段、繰り返しの中に生きていて、一方通行の時間を生きています。

若い頃は、卒業式や入学式、肉体の変化など、自然に生活していても、「自分が変わるタイミング」を見直す強制的な機会がありました。ある種の儀式もありました。しかし、大人になると、その機会は激減していくものです。その中で、自分で自分の生き方を問うタイミングを、意図的に作る必要が出てきます。その際に、自分が何に熱中できるのか、大事なものを見つけられるかどうかは、情報量以上にその情報を自分の感性がつかめるか、どうかです。感性とは自分に必要な情報を見つけるためのアンテナのようなものだからです。

将来楽するために勉強する？

私たちが夢を追う人の熱い姿を見て感じるように「コスパなんて無視してでも、やりたいことを一つでも持っていること」は、明らかに人生を魅力的にします。反対に、すべてにおいてコスト効率、生産性、損か得か、だけで考えると、次第に人は自分の人生に飽き始めるものです。特に一般的に賢い、と言われる人ほどそうです。

人はなぜ勉強するのでしょうか。

人はなぜいい大学を目指すのでしょうか。

私は小さい頃、こう教わったことがあります。「楽するため」だと。

いい大学に入り、いい会社に入ったら、楽してお金を稼げる、だから、勉強するのだと。

私が今になって確信しているのは、それは大嘘だったということです。

だって、もしこの言葉が真実だとしたら、若い人たちが勉強する未来にあるのは、絶望しか待っていないからです。楽したい、できるだけ自分だけが楽したいと思っている人たちが目指す会社や仕事場というのは、周りの人たちも同じような人たちばかりだからです。楽したい、そう思っている人ばかり集まっている職場がもしいい会社だとしたら、勉強は〝絶望へのキックオフ〟でしかないのではないでしょうか。

頭のいい人、という表現は、とてもあやふやなものだ、と私は思います。これまで私自身、いろいろなタイプの頭がいいと呼ばれる人と一緒に働き、たくさん仕事をしてきました。ありとあらゆる資格（弁護士や医師など）を持った人、信じられないような偏差値やＩＱを持った人、すでに若くしてビジネスで大成功し、膨大な資産を築き上げた人。当然、有名企業の経営者や、科学者、アーティストや作家もいます。

そんな中で私は確信していますが、普段私たちが使う「あの人は、頭がいい」「才能があるから別だ」なんてものは、99％は、人生においては誤差でしかない、ということです。もちろん、中には天才中の天才もいるかもしれませんが、そういう人は間違いなく若い頃にすでに頭角を現しており、幼少期に私たちとは別次元の世界で生きているものです。彼らは普通に生きているだけでも、目の前に道が現れ、若くしてその道に進んでいき、すれ違う余地がないのです。逆に言えば、私たちの周りにいるという事実は、その誤差をいかにして成果につなげることができたか、の差でしかない、ということです。

では、何がその差を生み出すのか。それが人生の分岐点で問われる、「これからの生き方」

そのものだと私は思っています。

ブックスマートとストリートスマート

世の中には、ブックスマートと、ストリートスマートいう言葉があります。

前者は、その名前の通り、頭がいい、勉強ができる、という意味です。一方で、ストリートスマートとは、自分で生きていくための知恵を持っている、という意味です。座学で学べることは、たしかに大事です。ですが、人生の後半になればなるほど、キャリアを積めば積むほど、ストリートスマート、つまり自分の人生をよりよく生きるための知恵を持っているか、自分の足で立ち、そして自分の頭で考え、生きる術を考えてきたか、それが問われるフェーズに入るものだと私は思います。

反対に、ブックスマートだけを追い求め、わかりやすい成果、わかりやすい結果、わかりやすい肩書き、そういうものだけを求めてきた人は、30歳を超えたあたりから自分の限界にも気づき始めるものです。それは他人がどうというより、自分自身が内心では気づいているものだったりします。

当然、これは会社の大小、職種は関係ありません。大きな会社でも、小さな会社でも、フリーランスでも、自分の生き方を持って、魅力的に働く人もいますが、その逆もいます。どこにいるか、何をしているか、何歳なのか、国籍などは全く関係ない話です。関係あるのは一点、「これからの生き方」を考え続けているか、どうか。持ち続けているか、どうか。自分がどうありたいか、を持っているか、その一点のみでしょう。

本当に自分がやりたいこと、したいこと、それを探すこと。新しい何かを学ぼうとすること、それは確かに大変な作業です。途方もない作業です。

もちろん、こういったことを、365日、いつも考えることは非現実的でしょうが、この本を手に取るということは、少しでも違和感を感じている、まだこの先の人生で何かをしたい、何かを学びたい、変えたい、と思って手に取っているはずです。そうであれば、今からでも変われるはず、と私は思うのです。

そのために必要なのは、時間効率なんて無視してでもやりたいと思えることを、たった一つでも自分の人生に見つけること、だと私は思います。

ハードシングスは何度も訪れる

スタートアップの世界、経営の世界では必ず、ハードシングスと呼ばれる「これからの生き方」そのものが問われるような難しい場面が何度も現れるといいます。一度ではなく、何度もです。私自身も何度か経験してきました。あるいは、クリエイターや、作家の仕事もそうです。一つの物語を作る過程で、何度も何度もハードシングスは訪れ、一つの作品は完成されていきます。

むしろ、作る過程でハードシングスがなかった作品は凡庸であり、誰の心も動かすことなどできない、とすら感じます。

起業家だってそうです。これまで数多く話してきたからこそ確信していますが、何かに挑戦したり、誰かを本気で応援したりすると、必ずどこかで、とんでもない不況が訪れたり、トラブルが起きたり、仲間の裏切りが起きたりする。

そういうときに問われるのは、頭がいいとか、賢いとかそんな瑣末(さまつ)な能力ではなく、これからの人生を生きているか、どうかでしかないのです。

先に挙げた、コンビニエンスストアの例や、仮設住宅に暴言を吐いた人のように、その人の生き方そのものが問われる。自分の価値観に基づいて意思決定をして、行動し続けるかどうか、それを周りの人間はずっと見ているものです。

だから、苦しいときでも自分の価値観を持っている人だけが、人を率い、他者から真に尊敬される。人から愛される。なぜなら、人の生き方がダイレクトに問われる〝苦しいとき〟に真っ先に逃げる人や、卑怯(ひきょう)な行動をする人には誰もついていこうと思わないからです。

そして、これは悲しいことに、どれだけ逃げたくても、どれだけ避けたくても、どうやら永遠に続くもので、逃げられないものなのです。

「生き方」は問われ続ける

私は以前、一代で時価総額数千億円を築いた、ある創業者と話したとき、こう聞きました。

「20代の頃、自分の意志だけが強みだと思っていても、30代、40代、50代になり、少しずつ、その意志をキープするのは難しくなっていくと感じます。当然、その分、知恵は身につけていけるかもしれませんが、根源的な力は衰えていくはずです。なぜ、○○さんはその意志を70歳近くまでキープできたのですか」と。

彼は即答しました、「それは使命感ですよ」と。使命感が自分を支えてきた、と。

私はやはりそうだろうな、と思いました。そして、価値観が問われるのは、何も苦しいときや、キャリアの序盤だけではないのだ、ということを改めて痛感しました。大成功し、すでに十分な富を築いた方々ですら、これからの生き方を問われ続けるものだと感じるというのです。

いや、むしろ、成功したあとのほうがより生き方を問われるとさえ彼の言葉は示唆していました。なぜなら、人生のゴールとは、自分の人生の生き方に悩み続け、それに向かって精進しつづけることでしかないから、だというのです。

「感性を磨く」とは難しいものです。それは、なんとなく感じる違和感や、「こういう生き方はいやだ」という好き嫌いのようなものから始まるかもしれません。あるいは、ある人にとっては、それは美学のようなものに近いのかもしれません。

いずれにせよ、これからの生き方とは、私たちの心の中、感性が決めることであり、逆に言えば、誰が読んでも同じになる内容のものからはあなた自身の答えは出ないものです。そしてそれは誰かに否定されても関係ない。ましてや、論理的に説明する必要なんて全くない。1%もない。あなたが気持ちいいと思う、そうありたい、と思う、それだけでいいのです。だって、それは「あなたの感性が導き出した、唯一のもの」だからです。

そして何より、そのヒントは誰でも、今からでも絶対に見つかるものです。絶対に、です。

最後になりますが、私は本を作るとき、常に共通のコンセプトを持っています。それは「働く人への応援ソングであること」です。これだけは信念として持ち続けています。

私はシンガーソングライターに対して尊敬の念を持っているのですが、私がなにより「歌」が素晴らしいと思うのは、聞き手こそが主人公になれるということです。作り手が生み出した歌は、一度（ひとたび）作り手のもとを離れたあとは、聞き手の人生の一部になっていきます。そのとき、主役は作り手ではなく、受け手です。

私が物語形式を選ぶのも全く同じ理由です。なぜ仮想の物語形式を選ぶのか。それは、私ができることは応援ソングを作り、届けることしかできないからです。主人公は常に私ではなく、読み手であるあなただからです。私はそれをサポートし、応援し、魂を削りながら書いた言葉で背中を押すこと、それしかできないからです。

これまでの本と同様に「読んだあとに前向きになれて、元気と知恵をもらえる本」を作りたい、そう思って今回の本も作りました。今回の本は、私にとっても特別な本になりました。なぜなら、この本は、「かつて生き方に悩んできたすべての同志に、捧げる一曲」だからです。

かつて自分がとても悩んだこと、なぜ、働くのか、自分は何を求めているのか、それらを若い頃に悩み、大人になっていった人。その人たち、仲間に向けて本を作りました。

最後には厳しいことも言ってしまいましたが、この本が少しでも皆さんの背中を押せたとしたら、それ以上に嬉しいことはありません。

おわりに

この本は、作る過程でとても多くの方にご協力いただきました。まず、取材に快く対応いただいた、ミュゼ ドゥ ショコラ・テオブロマの土屋公二様と、社員の皆様への感謝の気持ちを伝えないわけにはいきません。担当編集者の方に連れられた初めての取材で、渋谷の富ヶ谷にある本店に訪れたとき、その店の華やかさ、目に飛び込んできた博物館のような商品のカラフルさが最初に印象に残りました。これは本作でキャラクターがチョコレート専門店を初めて訪れるときの印象にも表現されています。当日は、土屋シェフを中心に、働く皆さんに、4~5時間近くにわたるインタビューをさせていただきました。皆さん、とても魅力的な目をしていらっしゃいました。このインタビューがなければ、本作品は生まれなかったのは間違いありません。本当にありがとうございます。

次に、漫画編のパートナーである、百田ちなこさんにも感謝いたします。担当編集の方から、タッグを組ませていただく漫画家さんの候補をいただいたとき、私は複数人の候補の中から「絶対この方だ」と思って依頼をさせていただきました。実は、この本は、漫画編の表現を何度も何度も書き直した経緯があるのですが、百田さんが最後まで粘り強く、作っていただいたおかげで、作品は私の脚本をはるかに超えるものになりました。本当にありがとうございます。また、お仕事をできるのを楽しみにしております。

（ちなみに漫画家さんと手を組まれたい脚本家の方がいれば、私はぜひ百田さんを推薦したします！）

そして、第三に、変わらずに、最初からずっと応援してくれているチーム北野の皆さん。私は、辛い時もいい時も、売れる前も売れた後も、ずっと変わらずに応援してくれる人への恩義を忘れずに生きていきたい、と思って生きています。その意味で、最初から変わらずに応援してださっている、長谷川嵩明氏、寺口浩大氏、伊藤涼氏、岩崎祥大氏、片見斗希生氏、津倉徳真氏、清水信之氏、清原麗氏、若山隼佑氏の皆さんには格別に深く感謝しています。さらに今回は、特別にサポートが加わり、林裕人氏、押切加奈子氏、早川茉希氏、中澤真知子氏、片見祐美氏、岩本美咲氏、猿渡歩氏、具嶋友紀氏、黄未来氏、黒田剛氏にもお力をお借りしました。皆さんの応援がいつも力になっています。ありがとうございます。

加えて、普段から多くのサポートをいただいている方々にも感謝の言葉を伝えさせてください。一緒に働くことの多い、多田薫平氏、小松華奈氏、水上理子氏、吉川翔大氏、宮下尚之氏、長澤有紘氏、井上茉悠氏、松本篤志氏、田島真一郎氏、宮本恵理子氏、松島理恵氏、戸村翔一氏、高木新平氏、吉村彩氏には、特別の感謝をお伝えさせていただければと思います。私は好き勝手するところもあるのですが、それを裏で支えていただいている皆さんには、とても感謝しています。ありがとうございます。

本作りや、事業作りというのは面白いもので、その経験を重ねれば重ねるほど、「関係者」や「仲間」と呼ばれる人の数がどんどん増えていくことが幸せの一つだ、と最近、思います。それは、一つの数珠つなぎのように、どんどん繋がっていて、たくさんの人を巻き込みながら、大きくなっていきます。みんなで喜び、みんなで悲しむ。私にとって本作りは、そんな「全員が楽しめるスポーツ」のようなものだと思います。私が何歳まで生きられるのか、何歳まで作品を作らせていただけるチャンスを持てるのか、はわかりませんが、100歳の頃には、この謝辞に私の人生でお世話になった方々の名前が、映画のエンドロールみたいに、1000名ぐらいになっていたら、楽しいな、と思います。だって、それは、「たくさん人が一つのことを喜べる共通の楽しみが増えた」ということだと思いますので。私にとって本作りは、そんな密かな楽しみでもあります。(この楽しみを教えてくださった、出版社の方々、担当編集の大森さん、本当にありがとうございます)

最後に、いつも支えていただいている、家族の皆さん、本当にありがとうございます。みなさんのおかげで、今の自分があります。

北野唯我

【巻末付録①】これからの生き方。

特別インタビュー 7つの生き方

普通、「漫画のキャラクターと私たち」は会話をすることができません。

しかし、この付録では「もしキャラクターがこの世界に実在したとしたら」という設定で、７名への対談インタビュー企画を行っています。つまり、キャラクターとの対話集です。これはもちろん「実用面」もありますが、それに加えて「ちょっとした遊び心」を含んでいます。というのも、私に限らず、おそらく、映画や漫画が好きな人であれば、一度は次のような妄想をしたことがあるのではないでしょうか？

「もし、このキャラと自分が友達になれたらどんなに楽しいだろう！」
「もうちょっとだけ、この世界観の余韻に浸っていたいのに、もう終わりか……」
と。私はあります。そこでこの特別インタビューをご用意しました。この付録には、２つの遊び方があります。

1 純粋に楽しみながら、「キャリアに活かすヒント」を見つける
2 感性を磨く練習に使う

まず、1つ目は単純に楽しむためであり、「ヒントを見つけるため」です。これは言葉通りです。２つ目は感性を磨くための教材として、です。２つ目は少しわかりづらいので説明しますと、この本は独白編（第３章）で述べたように、「あなたの感性を磨くための本」でもあります。あなたが何を感じ、なぜそれがいいと思ったのか、その感性を鍛えることは人生にとって確実にプラスになりますが、この付録は、そのサポート教材としても使うことができます。

結局、感性を鍛えるためには「自分が面白いと直感的に思うこと」と、それを「客観的、論理的に捉えなおすこと」を繰り返すことが一番だからです。
具体的には、以下のプロセスで遊ぶことができます。

付録を使って
「感性」を鍛えるためのフロー

1 インタビューを読んで、「気になったところ」「面白いと思ったところ」をチェックしておく。

2 チェックした部分を見直し、「なぜ、それを自分は面白いと思ったのか」という背景を考えて、言語化してみる。なぜなら、自分が「面白い」と思った部分には必ず、何かしらの自分の考えや課題、自分の価値観が隠れているから。

3 面白いと思った部分と、その理由をもっとも身近な友達や家族に説明するとしたら、どうやってシェアするか？ を考える。あるいは、シェアしてみる。なぜなら、自分が面白いと思ったものを他人に伝えようとするには、しっかり構造化し説明する必要があるから。この作業を繰り返すことで、「自分の感性」をよりシャープにしていくことができる。

4 あるいは、もし周りにこの付録を読んだ知り合いがいれば、その人が面白いと思った部分を聞き、なぜそれをその人が面白いと思ったのか、その背景を掘り下げて聞いてシェアしてもらう。このことで、人と自分の感性がどう違うのか、ということを構造的に理解しやすくなる。

それでは、キャラクターのことをより深く知れて、あなたの感性を鍛えられ、キャリアにちょっぴり役立つ話をお楽しみください。

※なお、本インタビューは漫画編の5年後を想定しています。

目次（巻末付録特別インタビュー）

01 小林 希（29+5）…………五
02 上山公二（34+5）…………一二
03 土尾紀男（60+5）…………二〇
04 横田 航（42+5）…………二九
05 西村真奈美（34+5）…………三九
06 本間健太郎（52+5）…………四八
07 佐倉愛子（25+5）…………五六

INTERVIEW 01

小林 希 (29+5)

Nozomi KOBAYASHI

「意思決定の回数」こそが、ビジネスパーソンとしての成長を決める

「小さい頃は偏食でした」

と彼女は言った。私はその日、都営地下鉄新宿線に乗って、ある女性に会いにいった。彼女の名前は小林希。編集者だ。

——偏食である、好き嫌いが激しい。

というのは、普通、悪いことだと思われている。ニンジンを食べなさい、グリーンピースを食べなさい、小さい頃から「食べ物の好き嫌いはダメ」と教わることは多い。しかし、彼女はそんな疑問を一蹴するようなハキハキした表情で、こう言った。

「私はどうしても、納得いかなかったんです！」

私は、その表情を見て、会う前の印象が間違っていないと感じた。彼女は続けた。

「私は食べ物の好き嫌いがはっきりしている子でした。とくにキノコが大嫌いでした。でも、これが今になっては強みになっている部分もあって、私は、自分がなにが好きで、なにが嫌いかを身体的なレベルで知っているんですよね。私は小さい頃から、自分が好きなものを選ぶ、ということをたくさんしてきたんですよ」

経営の世界では、「自分で決めた回数」こそが、ビジネスパーソンとしての成長を決める、という言葉がある。難しい決断を何回してきたか？ どれだけ悩んで、自分で選択してきたか？ それが多いほど、成長できる、ということだ。その最初のきっかけは、小さい頃の好き嫌いなのかもしれない、と私は思った。

私は言った。

「……小林さんのなかには、“好きを選んできた結果”が、データベースみたいに、他の人よりたくさんあるのかもしれないですね」

「そうかも。私、昔、ショコラティエを取材していたときがあったんですが、職人さんたちって、同じ感覚なんですよね。これが好き、これが嫌い。これは美味しい、これは美味しくない、というすごくシンプルな感覚。ややこしくてネガティブな人より、そういうわかりやすく明るい人が私は好きなんです」

たしかに、彼女もそういう人な気がした。彼女は続けた。

「ショコラって、見た目が可愛いとか、味が美味しいとか、そういうのは五感で感じるものなので、自分の身体が答えを持っているんですよね。もちろん、数字で見られるところもありますが、もっと感覚的なものなんですよ」

私は素朴な質問した。

「小林さんは今、楽しく自分の仕事をされていますよね。そして、今の話によると、それは、たまたま、若い頃から自分の好き嫌いに正直だったからだと。でも、ほとんどの人はそうしたくてもできないわけですよね。多くの人は“好きなことを仕事にする”なんて、夢物語だと思っている。これは、どう思いますか？」

彼女は、難しいこと聞きますね、と言って、少し考えたあと、こう答えてくれた。

「やっぱり……嫌いなことと、面倒くさいことを一緒にしないこと。それから、“好きなことを好きというのは、すごく勇気がいることだ”って、覚悟することじゃないかな」

「どういうことでしょうか？」

「私はたしかに小さい頃から、好き嫌いが激しかったんですけど、そうはいっても小さい頃は、勉強は他の人よりしてきたし、今も常に勉強しています。勉強っていうのは、新しいことに挑戦したり、知らない人に会いに行ったりすることですが。たとえば、“学校で勉強すること”って、ほとんどの人にとっては、嫌いなことですよね？」

「そうですね、ほとんどの人にとっては」

「ですよね。でも、その嫌いって、私が言った“嫌い”とは、違う話なんですよ。私が言っている嫌いは、もっと生理的なもので、嫌いな食べ物を食べる、というのは、それが自分の中に入るってことですよね。だから、どう頑張っても嫌いなんです。でも、勉強は違いますよね。自分の中に入ってくるのはあくまで新しい考えや、物の見方なので、自分は自分なんですよね。わかります？」

「なんとなくですが。つまり、“嫌い”には、いくつかの種類がある、ということでしょうか？」

「そう。だから、私思うんですが、たとえば、大人になって、勉強したくないって人はたくさんいますよね？」

「はい、います」

「それって、本当は、自分で自分を変えるのが、面倒くさい、ってことだと思うんですよ。つまり、嫌いなのは、勉強ではなくて、“自分で自分を変えること”なんだと思うんですよ」

　なるほど、確かに、勉強することは、過去の自分の考えを否定して、新しい自分になることだ。つまり、変化することだ。そして、

ほとんどの人にとって、自分を変えることは億劫で、面倒くさいことだ。なぜなら、過去の自分を否定することにも繋がるからだ。
　だから、大人になればなるほど、人は、勉強をしなくなるのかもしれない。私は続けて質問した。

「小林さん。もう一つの、“好きなことを好きというのは、勇気がいる”とはどういうことですか？」

「好きなことを、仕事にしていく、というのは、それは“嫌い”と言われることを、受け入れることなんですよね。たとえば、誰かに好きって告白することもそうです。好きじゃないって言われる可能性があるわけですよね。これは仕事も同じで、ショコラティエはチョコを作ります。でも、そのチョコは、売れれば売れるほど、“嫌い”っていう人の数も増えるじゃないですか」

「たしかに。多くの人が手に触れる機会が増えます。だから、嫌いだ！という人も増えます」

「そうそう。チョコがたくさん売れて、話題になったとしますよね。チョコが売れれば売れるほど、たくさんの人が手に取りますよね。たしかに、好きだって人も増える。でも、その分、このチョコ嫌いだ！ と思う人の数も増えるのは当然なわけで」

「わかりやすいです」

「私が言いたいのは、好きなことを仕事に、っていうのは、どんな仕事でも、結局、その人の人間性をそのまま出す、ってことなんです。もちろん、職種によって大小はあるけど、どんな場合でも、そういう部分が少しはあるわけで」

「だから嫌われることもある」

「そう。どれだけ人気のある芸能人でも、嫌いな人はいる。そこで、人だから仕方ないじゃんって思えるかどうか。好きなことを仕事にするには、誰かに面と向かって、“嫌い！”と言われることも覚悟しないといけない。好きなことを大事にするってことは、その勇気がある〜？ってことなんじゃないかな」

「でも、ほとんどの人は、そんなにいきなり、強くなれませんよね。自分の好きを否定されたらどうしよう、と思うわけですよね。最初の一歩としては何が大事だと思いますか？」

「少しずつトレーニングしていくのが大事なんだと思う。最初は、自分の小さい好きを言葉にして、小さな輪の外に発信していく。そしたら、ちょっとだけ傷つけられるわけですよ。“これは美味しくない”“これは嫌い”とかね。それで心に小さな“かさぶた”ができますよね？そしたら、しばらくはお休み。療養期間は、回復するために美味しいもの食べたり、旅行して気晴らしする。しばらく経って、かさぶたが取れたら、次はもう少しだけ大きく好きなことを言ってみる。それでまた傷つけられるから、かさぶたが取れるまで頑張る。これの繰り返ししかないんじゃないかな」

「かさぶたを乗り越えていこう、と」

「そう。多分、私が今、自分はこれ好き！って堂々と言えるのは、小さい頃から何度も、かさぶた剥がしを繰り返してきたからだと思います」

「なるほど」と私は思った。人は、成功した人間を見ると、必ず、その完成形で物事を判断しようとする。でも、本当はそのプロセスにはたくさん傷つけられたことや、痛む傷がある。まさに、数え切れないほどの、かさぶたがあるのだ。それは、挑戦せずに、知ったかぶりをする評論家だけには決してわからない。私がそういう感想

を持った瞬間、彼女は、素敵な笑顔でこう言い、私の浅はかな考えをなんだか風のように吹き飛ばしてくれた。

「でも、まぁ、もともとポジティブ、ってのもあるかもしれないですけどね」

　彼女の魅力がその笑顔に溢れていた。

02

INTERVIEW

上山公二（34+5）

Koji UEYAMA

“一緒に働きたい”という言葉の重みの違い

「結局、私の仕事の信条自体は、若い頃から変わりません。それは、“卓越性を目指す情熱”です。フランスのシェフから学んだことです」

と彼は言った。

「行きつけのレストランがある」、そう言われ、私は事前に送られてきた店のマップを見た。東京のおしゃれスポット・代官山にあるその店は、どの駅からも微妙に離れた場所にあり、駅から歩いて行ける距離なのか、頑張ってタクシーで行くべきなのか、少しだけ迷った。

初めて彼に会ったときの感想は、“育ちの良さそうな、イケメンシェフ”というメディアで伝えられる通りの印象だった。

私は軽い挨拶をしたあとで、少しばかりお世辞を伝えた。そして、彼の作品の感想を簡単に述べ、本題に入った。

「それで今回は、シェフの栄光に加えて、若い頃、抱えていた“課題”についても教えていただきたいんです」

上山公二――彼は今をときめく、ショコラティエだ。伝説のシェフ・土尾氏の元で修業し、フランスへ留学。名門店で学びながら、コンクールにも挑み、国際的な大会で準優勝の成績を残した。帰国後、しばらくして独立した。私は彼の目を見て言った。

「と言いますのも……今回の企画は、これからの時代の生き方や働き方を聞く、という企画なんです。栄光の裏にある、努力の跡や、かつての失敗を聞きたいと思っているからです」

彼は、いいですよ、と言ってくれた。私は言った。

「それで、課題を抱えていたのは、いつですか？」

彼はそうですね、と少し考え、こう答えてくれた。

「私が若い頃、具体的には、フランスから帰国したときでしょうか。当時の私には、すこし傲慢(ごうまん)な部分があったように思います」

「傲慢？」

「えぇ。『フランス帰りだぜ、俺は』みたいな傲慢さです。海外の名門店で修業してきた自分だったら今すぐに日本で“何者か”になれるに違いない。そう勘違いしていました」

何者かになりたい——これはいつの時代も普遍的に存在するキャリア論のテーマだ。一目置かれる存在になりたい、そういう気持ちはどんな人でも大なり小なり存在している。彼は続けてくれた。

「今思うと浅はかではありますが、私は自分が特別な存在だと思っていました。今うちの若い連中にも、生意気なやつが何人もいますが、当時の私も同じで、自分は何でもできる。フランスで学んだ知識と技術さえあれば、独立してもすぐに成果を出せる、と甘く考えていました」
「今は変わった、わけですか？」
「それは、そうです（笑）。だいぶ変わりましたよ」

そう言うと、彼は少し恥ずかしそうに笑った。

若い頃の傲慢だった自分を思い出し、振り返ると照れ笑いせざるをえない——誰でもそんな小話は一つか二つはあるだろう。私は質問を続けた。

「でも、技術自体はその当時から超一流だったわけですよね。一部では、若くて才能のあるシェフが東京に現れた——と言われていた

と聞きますが」
「それは事実です」
「では、何が課題だったのでしょうか？」
「これは独立して気づきましたが、結局、それだけでは十分ではなかったということです。当時の私は、土尾シェフに従事していましたが、彼の本当の凄さを全然、理解できていなかった。むしろ、当時の私から見ると、土尾シェフは、少し“技術を諦めた”ように見えてさえいました。土尾シェフは、若くして日本の頂点に立った人です。そのせいか、それ以上上を目指さなくなった。ある意味、余裕がありすぎるように見えた。だから、なぜ、もっと上を目指さないのか？ もっと厳しく指導しないのか？ と不満に思っていました。ただ、それは私が自分の未熟さや、課題に気づいていなかっただけでした」
「課題というと？」
「感謝ですよ、やっぱり。感謝。たとえば、ここにショコラがありますよね。この一つのショコラを作るには本当に多くの業者が関わっています」

そう言うと、彼は目の前に出された、ショコラを手に取った。
彼はショコラを手で包み、続けてくれた。

「……たとえば、カカオ農園、商社、原材料メーカー、機器メーカー、百貨店、それから、パッケージを作ってくれるデザイナーや、印刷会社、もちろん、スタッフもです。多くの人が関わり合って初めて成り立ちます。私が初めて店を持ったのは、35歳のときでしたが、そのときまでは自分一人がいいショコラを作ればよかった。ただ、それがガラリと変わりました。感謝の気持ちがない限り、自分の店を大きくすることはできないんですよ」
「つまり、技術とは別の、人間としての成長が必要だった、と？」
「ええ、結局、私の仕事の信条自体は、若い頃から変わりません。それは、“卓越性を目指す情熱”です。フランスのシェフから学んだ

ことです。常に高みを目指す。毎年のように、もっとうまくなりたい、もっと美味しいショコラを作りたい、より多くの人が感動するショコラを今よりも美味しく作りたい、それは今でも毎日思います。ただ、その卓越性を目指すだけでは、店の切り盛りはできなかった。感謝の気持ちがなかったからです」

感謝——その一言だけ聞くと、なんと陳腐で使い古された言葉だ、と感じるかもしれない。ただ、その言葉の重みは、実際に何か成果を残した人間にしかわからないのかもしれない。その意味で、彼の言葉は、若さとともに語られる感謝とは違う、深みのようなものを感じた。

彼は続けた。

「私は若い頃から、“何者かになりたい”とか、“有名になりたい”という気持ちが人一倍強い人間でした。そしてそのための努力も積み重ねてきたつもりでした。ただ、この“何者かになること”“有名になること”は、短期的にそうなるだけなら実は簡単なことなんですよ。とにかく目立つことをやればいい。わかりやすく人と違うことをすればいいのです。しかし、私が土尾シェフに教わったのは、そういう一時的な話ではありませんでした。愛され続けるショコラを作るには、それを作る私自身が人間として成熟する必要があった。そのための技術を彼からは教わった気がしています。なぜなら、作品とは、作り手の全人格が表れるものだからです」

「つまり、“自分を高め、人を育てる”ことから、ショコラを作る本質を学んだ、と」

「その通りです」と、彼は言った。私はテーマを変えようと思った。事前に調べてきた彼のネットのインタビューを踏まえて、こう言った。

「独立したことを、後悔したことはありますか？」
「今となればありません。ただ、独立してすぐは本当にきつかった」
「きつかった？」
「実は私が独立する、と言ったとき、フランスの留学先で出会った友人を含めて、何人かのスタッフが、私の店で働きたい、と言ってくれました。ただ、私はその“一緒に働きたい”と言われることの意味合いを理解していませんでした」
「どういうことですか？」
「あのですね、会社員として言われる、“一緒に働きたい”という言葉と、自分が雇う側になって言われる、“一緒に働きたい”って重みが全然違うんですよ」
「あぁ……そういうことですか」

と私は反射的に答えた。その意図を理解した。一人の働くメンバーとして“一緒に働きたい”と言われることと、自分が会社の経営者として“一緒に働きたい”と言われることは意味合いが全然異なる。そういうことだろう。

後者は実質的には、その人を雇う、ということと同義だ。その意味で給与を払う側に回ることだ。一方で、前者の従業員として言う“一緒に働きたい”とはそのまま意味であり、むしろ、時間を共にする存在になろう、上を目指そうという意味ぐらいでしかない。その意味で重みが全然違うのだ。少なくとも私はそういう意味だと解釈した。

彼は続けた。

「特に私は……人のことに関しては、相当苦労しましたから。一緒に独立したメンバーは実際には、すぐに喧嘩別れしてやめたり、人手不足で翌月入る予定だったスタッフが入店前日に、急に辞退したり……。何度キレたことか。でも、次第にその怒りの感情を通り越

せるタイミングがきましたが」
「通り越す？」
「はい。自分の気持ちを客観的に見直すことができるようになった、ということです」
「なるほど……では、今、そのときの感情を言葉にすると、どんなものでした？」
「……そうですね」

彼は、そう言うと静かに目を閉じた。そして、当時の様子を思い返しているように見えた。一秒だけ目をつぶり、再度目を開けると、彼は初めて私から目をそらした。そして、こう言った。

「なぜだ、なぜ、俺についてきてくれないんだ」

彼は、こう続けた。

「……正直そう思いました」

私はこの瞬間、このインタビューは成功した、と思った。彼のような本来プライドの高い人間が、本音で話してくれる。それは相手に対するリスペクトがあって初めて成り立つ。だから、インタビュアーは限られた時間の中で、いかにして早いスピードで「信頼してもらえるか」に全力を注ぐ必要がある。

私は彼と私の関係を予測した。言い換えるならば「彼はまた、私に会いたいと思ってくれるだろう」と予測した。時計を見た。すでに40分が経とうとしていた。インタビューは私のターンだ。私は静かに口を開いた。

「私は……かつて、自分が書いた本の中で、こういう趣旨のことを書いたことがあります。それは、あなたの価値とは、その会社の看

板がなくなっても、それでもあなたに仕事をくれる人がいるのか？で決まると。たとえばトヨタの看板がなくなったら、誰があなたに仕事を発注してくれるのか？ ○○という名刺がなくても、あなたの力を借りたいという人がどれぐらいいるのか？ と」
「あぁ……なるほど」
「この意見はどう思いますか？」
「今になって、私はその言葉の価値がすごく理解できる気がします。私は独立したとき、自分にはブランドがあるのではないか、自分が積み上げてきた技術はすぐにお金になるだろう、と甘い期待をもっていました。ただ、現実は甘くはなかった。本来のブランドとは、何年も何十年もかけて積み上げていくものでした。私はまだそのスタートラインにすら立っていなかったんだな、と思います」

私は、心に染みる言葉だと思った。
そして聞いた。

「では、最後に質問です。もし、当時の自分が目の前にいたとしたら、どんなアドバイスを送りますか？」

「土尾シェフはショコラティエとして成功するためにすべてを教えてくれた。偉大な人生の訓示を忘れぬように、とかですかね」

彼は言った。

「そして、自分が何者でもなかったときに支えてくれた人こそ、大事な人だから、感謝の気持ちを忘れないように、とかでしょうか」

03

INTERVIEW

土尾紀男（60+5）

Norio TSUCHIO

働く一生の中で、何度も変えていく必要が出てきた“自分の役割”

「経営者ってのは、わがままな生き物なんですよ」

彼はそう言った。私はその日、土尾シェフが経営する「ショコラトリー・サンセリテ」を訪れていた。渋谷から少しだけ坂を上がった閑静な住宅街に、彼の店はあった。現在、彼が経営するショコラ専門店は都心を中心に8店舗展開している。

つまり、彼はシェフであり、経営者でもあった。

彼は続けた。

「普通、自分の職場に満足がいかないことがあると、転職したり、不満を述べたりしませんか？ でも私たちは、“だったら自分で作るか”と思う。結局、これが経営者という生き物なんだな、と私は思います」

その物言いは柔らかく、私は少し意外に思った。なぜなら、土尾氏は若い頃、とても怖いことで有名だったからだ。歳をとったことで、考えが丸くなったのだろうか。土尾氏は続けてくれた。

「私たち、シェフの仕事も同じです。どんな職人（ショコラティエ）が伸びるかというと、根がワガママなやつですよ。自分がこういうショコラを食べたい！ それがないと怒るようなやつね」

ワガママ、それは普通、悪い意味で使われる。意外な話だ。彼は続けた。

「ワガママといっても、ただのワガママじゃあダメ。努力や勉強もしないといけない。たとえば、そこに若いのがいるでしょう？」

と言うと、彼は店内の厨房を指差した。厨房には、白いコックコートを着た若者たちが4～5名いた。私は答えた。

「はい」

「多分、この中で、私が一番、今でも勉強している自信がありますから。今でもネットの動画で勉強したりしていますから」

「探究心ですね」

「ええ。あのね、以前インタビューでこう聞かれたことがあるんですよ。土尾さんは、どうやってショコラを作っているんですか？ アイデアを思いつくのはどういうときですか？ってね。やっぱり、自分が食べたいものが世の中にないときや、知り合いの子どもが結婚した祝いにショコラをあげたいけれど、ちょうどいいのがないな、とか。そういうときですね。だったら作るしかないですよね」

　私はうなずきながらこう答えた。

「なるほど」

「ワガママだけど、その根底には想いがあるようなやつね、そういう人で努力もできれば、職人としては大成しますよ」

　そういうと彼は優しい目をした。彼は続けた。

「反対に、こだわりのない人間は、ショコラティエとしても、経営者としても伸びないですね。ショコラは、味の９割がカカオで決まると思っています。でも、美味しいカカオ豆は現地に行かないと手に入らない。商社に任せるんではなく、農家と交渉して、現地での品質管理にこだわって仕入れないと、いいものは作れない。そういうこだわりを持てるかどうか。うちの若い子たちは、そういうこだわりがない子も多いから、大変なんだよなぁ……」

その表情はなんだか子煩悩の親のように見えた。
私はあえて自分の話を出した。

「たしかに、作家がなぜ、本を作るのか？ というのは、年齢やフェーズによって変わっていくものだと思います。他人から見ると、作家が本を作る理由は、有名になりたいから、とか、お金を稼ぎたいからと思われることもある。しかし、お金を稼ぎたいとか、有名になりたいだけなら、作家ほどコスパが悪い仕事はないと思います。ほとんど売れないからです。でも、それでも作るのは、自分が読みたいような本が、世の中に残したいような本が、この世の中にないから、というのはあります。だからすごくワガママなのかもしれません」

「あぁ、一緒ですね」

彼はそう言ってくれた。クリエイターとの対話というのは、常に真剣勝負だ。彼らは穏やかな表情をしながらも、目の奥では極めて鋭い視線で問いかけてくる。相手が本気であるか、相手が作り手側の人間なのか、消費する側の人間なのか、と。
私はそのことを知っていた。したがって自分の話をしたのだ。私は続けた。

「あの、話は変わりますが、この雑誌、拝読してきたのですが……」

私はカバンから一冊の雑誌を取り出して、こう言った。

「上山シェフは、お弟子さんですよね？」

「ええ」

私は雑誌の上に手を軽く置いた。表紙には、上山シェフと土尾シ

ェフが腕を組んだ写真が載っている。私は聞いた。

「上山シェフは今、業界でも注目のショコラティエですが、彼も若い頃は、ワガママでしたか？ つまり、伸びる人の要素を持っていましたか？」

「上山は本当に生意気なやつだったからなぁ（笑）。入ってきた頃、ぽろっと『絶対土尾さんをいつか追い抜きますから』とか言ってきて。でもそれは嬉しいことでもあるんですよね」

「嬉しい？」

「ショコラを作っていくと、いったい、私たちは何を作ってるんだろう？と思うタイミングがくる。そのときにはやっぱり、人を作っているんですよ。あるとき私は思ったんですね。ショコラはね、結局、どれだけ作っても、消えていきますよね。消化されて。でも、ショコラティエを育てて、立派な人間に育っていくと、それはずっと残っていくわけですよ。そしたら、もっとたくさんの人にショコラを届けられるでしょ。だから、“自分を追い抜こう”なんて生きのいい素材を見ると、私たちは嬉しくなっちゃうんですよ」

「上山さんは、まさにある種の“作品”でもある、と」

「まぁ、そんな“作品”というほど、私が彼に何かを提供できたかはわからないけれどね。上山はもともと才能のあるやつだったので」

「なるほど。土尾さんはこれまで膨大な量のクリエイターを見てきたわけですが、そんな土尾さんから見て、“伸びるシェフ”や“伸びる若手”の要素はなんでしょう？」

「伸びるシェフってのは、いくつかの条件があるんですね。その一

つは、やっぱり本質的にケチってことかな」

「ケチ？」

「ええ。そうです。ケチっていうと語弊があるかもしれないけれど、ちゃんとお金を稼ぐことに執着がないといけない。売れるショコラを作るのは才能の側面もあるけれど、利益を出すことは“技術”です。ですから、学ぶことはできる。だから若いシェフのなかでも、私はそんなにお金に興味がないです、って人よりも、ちゃんと野心があるやつのほうが、成功するんですよね。ケチで野心が強いと、日銭を稼ぐこともできるけど、そのお金を使って、長い目で見て大きくかけることもできますから」

「ただ、そういう人は生意気でもありますよね？」

「そうですね。実際、私も若い頃は、生意気でしたから。最初に入ったレストランでも、“こいつらバカばっかりだな”と思ってました(笑)。あの頃はね」

「正直ですね」

「今は違いますよ。今は自分が支えてもらう側になりましたから。経営というのは面白いもので、売り上げが増えれば増えるほど、自分一人でできることはないな、って思えるようになるんですよね」

「どういうことですか？」

「年商がまだ数千万円の頃、店舗も１つのときというのは、やっぱり、自分の力だ！ って感覚が強かった。でも、そのあと、店舗が大きくなっていって、４店舗とか、５店舗になると、これは自分一人の力ではないな、って自然に思えるようになるんですよね。一緒に

働くスタッフとか、店に出入りしてくれている業者の方に対して、自然に感謝の気持ちがわいてくる」

「面白いですね」

「さらに、売り上げが伸びていって、アジアやヨーロッパからもお客さんが来るようになると、それはもう、会社の仲間だけではなくて、地域社会や、世の中のおかげ。この場所に自分を運んでくれた縁や、運とかのおかげって思えるようになる。稼いだお金も、これは自分だけのものではないな、と思い始めるんですよね」

私は、面白い、と感じた。お金の価値が変わってくる、ということだろうか？

私は、少し聞き辛い質問をしてみた。

「土尾シェフにとって“引き際”を考えたときのことを、教えてください」

「？」

「以前、業界の人間から、土尾シェフが若い頃は相当怖かった、という話を聞いたことがあります。でも、今は“感謝”という言葉を自然におっしゃったり、その価値観は変わってきているように見えます。いったい、何が人生のターニングポイントだったのか。そして、“自分の引き際”について考えていることを教えてください」

「実はずっと前から“引退”のことは、考えていたんですよ。さっき私は、野心が強かった、と言いましたよね。でも、もう10年前から“引退”は考えていたんですよ。だけど、信頼して任せられる人がいなかったから、それを探してた。育てようと思った。最近、ようや

く見つかったからね。多分だけど、創業者はみんなどこかで“あとを任せられる人”を探しているんですよ。だって、若い頃相当無理したから、60代にもなると、体にもガタがき始めているんです。今、このまま俺が死んでも、会社は大丈夫か？ 本当にこの子たちにご飯を食べさせられるのか？ って。任せられるなら任せたい、って世の経営者はみんな思っているんじゃないですかね」

「面白いですね。長いビジネス人生の中で、引退がよぎった、最初のキッカケはあるんですか？」

「まずは、年齢だよね。歳とったからね、私も。それともう一つは、店の中で、自分の役割が変わってきてるんだなと、自然に思えるようになった。ふとそう思ったのよ。自分が考えた新作よりも、若いやつが寝ずに一生懸命考えた新作のほうが素直に面白い、そう思ったことがあって。私は年齢に対してフラットでもあるから、その若いやつの作品を使ってみよう、となって。それがそこそこ売れて、その若いやつがすごく嬉しそうにしてた。その表情を見たときに、私は若い頃の自分を思い出したり、彼の成長を感じたりして、心にじんわり温かい感情が流れた。あぁ、嬉しいな、と思えた。そのときぐらいから、自分の中で、“ついに自分の現役時代が終わろうとしている”、“かつて師匠にしてもらった役割が自分にめぐってきたんだな”、と思えるようになった。そういうものだと思いますよ」

　役割が変わること。

　それを自分で受け入れること——これは、今の時代だからこそより重要になってきている。寿命が長くなるというのは、役割を再定義しつづける必要が出てくる、ということだ。働く一生のなかで、何度も自分の役割を変えていく必要がある。人は、学生までの時代の役割と、独身で働いているときの役割、パートナーができたときの役割、子どもを育てているときの役割、両親の世話をするときの

役割などで少しずつ変化を遂げていく。これはキャリアも同じだ。

「なぜか、最近、自分が仕事にワクワクしなくなった」
「しっくりこない」

　その違和感の正体は、大体が、「役割が変わっているフェーズに入ってきたが、それに自分で気づいていないとき」なのだ。土尾シェフにとって、引き際を考えるタイミングは、まさに「自分の役割が変わりつつあることに、敏感に気づいたこと」から生まれてきたのだろう。私はそんなことを思った。

INTERVIEW 04

横田 航 (42+5)

Wataru YOKOTA

人は
自分の身の丈に合った場所を
自然に選ぶ

「キャリアの転換点。ですか？」
「はい、そうです」

短いキャッチボールのあと、彼は、間髪を入れずに答えてくれた。横田航。彼の名を業界で知らない人は少ない。一般的には、敏腕編集者という括(くく)りがわかりやすいだろう。

「２つありますね」

おそらく、普段から彼には自分を内省する癖があるのだろう。でなければ、キャリアの転換点はなんですか？ という質問に対して、すぐさま２つある——とは普通答えられない。
「それぞれ伺えますか？」と私は言った。

彼は続けた。

「一つは、33歳で初めて部下を持ったときかな。もう一つは、ヒット作が長く出ない時期があって、そのとき、自分のスタイルを変える必要があったときです。これが転職するきっかけだったんですよ」

私は、事実関係を確認するために、転職のタイミングが何歳だったかを聞いた。彼は、29歳と答えた。私は取材メモに“29歳転職”と書いた。

「それで、一つ目の悩みは、いわゆる、“プレイヤーからマネージャーになった”タイミングということでしょうか？」

「そうですね。苦労しました」と横田氏は答えた。

ビジネスパーソンは誰もが、順番を追って成長していく。その中でも多くの人がぶつかる壁の一つは、「プレイヤーからマネージャ

ーになること」だろう。それまでは自分ひとりで成果を出せばよかったが、急にチーム全体で成果を出すことが求められるようになる。
　人を見るようになる。それは、本当に難しいチャレンジだ。私は聞いた。

「では質問ですが、そのとき、どんな苦労があり、どうやって乗り越えましたか。そこから伺ってもいいですか」と私は言った。彼はうなずいた。そして言った。

「仕事の進め方って、人それぞれありますよね。特に編集者の場合、“売れ筋”との距離、という概念がありまして」
「売れ筋との距離？」
「ええ」
「すみません、それはなんでしょう？」
「端的に言うなら、その編集者が最も自然に好きなテーマが、どれぐらい売れやすいテーマなのか？ ってことです。たとえば、本の世界には、ベストセラーになりやすいテーマというのがあるんですね」
「ありそうです」
「たとえば、“コミュニケーションの本”なんて売れやすいですし、男女の悩み、夫婦の話とかもそうです。普遍的な悩みですからね。普遍的な悩みに近づけば近づくほど、たくさんの人がターゲットになりやすいので」

　言われてみればそうだ。
　彼は続けた。

「一方で、その編集者自身が、どれぐらいその“普通の悩み”に共感できるか、は別問題なんですよね。特に小さい頃から本好きな人って、やや人生をこじらせている人も多いんですよね（笑）。そうするとどうしても、普遍的な悩みなんだけど、わかりづらいテーマになりがちなんですよ」

私はなるほど、と思った。

「それに加えて、出版の場合、実は“悩みの深さ”もあるんですよね」
「深さ？」
「たとえば、天気の悩みは、みんなが気にしますが、深い悩みか？というと、違いますよね。本は嗜好品なので、買う必要があまりないものは買わないんですよね。人が、どうしようかな、と考えているぐらいだと、本にはなりづらい」
「なるほど。でも、これって、他の仕事でも当てはまりそうですね」

私は、気づいたら、この言葉が出ていた。

「え？ あぁ、そうですか？」彼は一瞬戸惑ったように見えた。
「と言いますのも、企画職は共通して、全部そうですよね？ その企画を練る人が、“売れ筋に近い”のか、それとも“売れ筋から遠いのか”を知っておくことで、調整できますよね。まぁ、言い方を考慮せず言うと、どれだけ平凡に近いのか？ というか」
「そうかもしれませんね」

これは面白い話が聞けた、と思った。一方で、私は「退屈だ」とも思った。

ここまでの話は、たしかに、ある程度、役に立ちそうではある。だが、「横田さんならでは」の話ではないのだ。優れた取材には①普遍的で役に立つテーマと、②その人ならではのリアルな悩み、の2つが必要になる。

私は時計を見る。開始して10分が経とうとしていた。私は言った。

「でも、“横田さんならではの悩み”という感じはしません」
「私ならではの悩み？」

「ええ、それが聞きたいのです、きっと読者の方もそれが知りたい気がします」
「私ならでは……」

彼は少し、考え込んでいた。彼のようなタイプの人間は、明らかに「不確かなことを言いたくないタイプ」に当たる。それは長い経験に裏づけされた蓄積から洞察を導くことに長けているからだ。

したがって、想定された質問にはすぐさま答えられるが、その範囲から外れると、時間がかかる。そして、パーソナルな話をすることを拒みやすいのだ。

一方で、その「想定内」から外れない限り、面白い取材はあり得ない。よく耳にする役に立つ話、で終わってしまうからだ。素晴らしい編集者である彼がどんな苦労をしてきたのか、それはきっと役に立つ話だろうと思った。

——何を私たちに教えてくれるのだろうか？

私は置かれた水を手に取り、そしてキャップを開けた。ぬるくなった水は、大してうまいわけではない。彼は言った。

「昔、天才肌の部下を持ったことがありまして、そのときでしょうか」

私は、ほおーと思った。面白そうなテーマだ。

「才能豊かな部下を持ったとき、どうやって対応すればいいのか」
というのは、現実的には歳をとればとるほど大事になる。なぜなら、どれだけ優れたビジネスパーソンであっても、新しいサービスや事業を作る力は、若い感性に追い抜かれるときが必ずくるからだ。それは永遠のテーマであり、むしろ、その若い才能をどうやって活

かすことができるのか？ こそが、次に求められる力になる。これはいいテーマだと思った。私は聞いた。

「それは、もしかして、“彼女”のことでしょうか？」
「ええ、おそらく」

私はその人物に心当たりがあった。

「それで、その才能溢れる若手を、どうやってマネジメントしてきたんですか？」

「あの、マネジメントする、なんておこがましいことですよね。私は早い段階で、編集者としては、彼女には多分勝てないだろう、と気づいたんですよね。彼女には強い意志があった。世の中にどうしても訴えたいテーマがあった。それは一種の才能なんですよ、多分」
「なるほど。逆に言えば、横田さんには、どうしても伝えたいテーマがなかったんですか？」
「私にも、伝えたいテーマはありましたし、編集者の仕事にやりがいも感じています。自分に合っているとも思う。ただ、私の欲は、違う欲求のほうが強い。家族を守りたいとか、知的な好奇心のほうが強かった。でも、彼女はどうしても伝えたい、というとても強い欲求がありました。そして、売れ筋との距離感は彼女のほうがいつも近かった」

面白いテーマだと思った。つまり、冷静で理知的な上司の下に、エネルギー溢れるパワフルな若手がつく。こういう状況だろう。そして、この状況はうまくいったり、うまくいかなかったりすることがある。この問題は決して珍しいものではない。私は答えが気になった。そして聞いた。

「その状況、どんな国でも、どんな会社でも起こりうる話ですよね。

冷静な上司に、パワフルな才能溢れる部下がつく。そのとき、マネージャーや上司にできることはなんだと思いますか？ なにかコツはありますか？」

「ええ……」と彼は言い、おそらく癖なのだろう、あごひげに手をあてて少し考えた。しばしの沈黙があり、彼は思考を整理し、こう答えてくれた。

「2つでしょうか。1つ目は、彼女自身に、きちんと“身の丈”をわかってもらうようにサポートすること。もう1つは、チームのなかで、異なった“勝ち方”をできるだけ用意してあげることでしょうか」

私はワクワクした。身の丈？ 異なった勝ち方？ 面白そうな予感がした。

「1つ目は、そうですね。私が彼女に伝えたのは、“君は確かに才能があるけれど、身の丈に合った場所を選んでもいるんだよ”ということでした。彼女には才能がありました、でも、それは、ジャスティン・ビーバーでも、スティーブ・ジョブズでもない。彼らのように、ハチャメチャをしても許されるほどのものではなかったわけですよね。そこまでのパワーとエネルギーがあるなら、自分で独立して、最初からやればいいわけですよね。でも、そうしないのはなぜかというと、彼女自身も、自分の身の丈に合った“貝の大きさ”を自然と選んでいたからだと思うんですよね」

「身の丈に合った、“貝の大きさ”？」

「はい、私が今のキャリアに満足できているのは、良い意味で、自分の身の丈を知ってきたことが大きいと思います。身の丈に合うって言葉は、普通、悪い意味も少し含んだニュアンスで言われませんか？ 諦めている、というような。でも、私は悪い言葉だとは全然思

えないんですね。それどころか、自分の身の丈を知って前向きに働くことは、一番幸せなことではないか？ という、美学に近いものさえ持っています。同じように、もし、自分が本当に大きく世の中に貢献できるなら、その器に合った場所やポジションにいずれついていくはずなんですよ。でも、そうならないのは、彼女も自分に合った“貝の大きさ”を選んでいると思っています」

「なるほど。つまり、“人は自分の身の丈に合った場所を自然に選ぶ”と」

「ええ」

「この話は、本質的だなと思います。一方で、若くて生意気な人だと、“そうはいっても、もっとでかいチャンスが欲しい”となりそうな気がします。これはどう思いますか？」

「いえ、そんなことないんですよ。いや、正確に言うと、タイミングの問題なんだと思います。たしかに、彼女のようなタイプは、普段は言うことを聞いてくれません。でも、大失敗したときに、ちゃんと伝える。そうすると不思議に聞いてくれるんです」

「つまり、才能溢れる若手を部下に持つ人間がやるべきことは、①普段からよく観察しておいて大失敗するタイミングを見逃さないことと、②今の自分の身の丈をきちんと伝えて、改善するまで付き合ってあげること、だということですか」

「ええ」

「もう一つの、“異なった勝ち方を複数用意する”とはどういうことですか？」

「ええと、よく言いますよね……優れたリーダーは、自分よりすごい人を率いるって。本にもたくさん書いてますよね」

「はい」

「でも、これほど、やるのがむずかしいことはありません。なぜだろうか、って私は考えたことがあるんですよ。そのときわかったのは、自分が競い合ってしまうからだと思うんですよ」

どういうことだろうか。
私は少し理解ができなかった。彼は続けてくれた。

「たとえば、のケースですよ。創業社長が、自分の後継者を外から連れてくる、としますよね。そのとき、創業社長は自分の会社の株をたくさん持っている一方で、外からきた後継者は、創業者よりは株は持っていない。でも、その後継者はたくさん貢献してくれるわけですよね。だったら、自分とは違う方法で彼に報いる必要がありますよね。だから、ずっと成長している会社の創業者というのは、たとえば、自分の報酬はむしろ少なくして、今活躍している後継者にたくさん、報酬を払ったりしますよね」

「たしかに。しますね」

「こういうふうにしないと、いつまで経っても、後継者が創業者を超えられないからだと思うんですよ」

「それは、イメージでいうと、同じ価値基準で、一直線上に乗って競ってしまっているから、ですか？」

「そうです。でも、これは私が自分のサラリーマン人生でもとても大事にしていることなんです。たとえば、私がお金を稼ぎたい、と

思っていたとしますよね。そして自分のチームに、自分よりすごい部下がついたとします。そのときに、私もお金を稼ぎたい、部下も同じようにお金を稼ぎたい、という気持ちだと、いずれどこかでぶつかってしまう。上下がついてしまいますから。でも、そうじゃなくて、たとえば、彼女にとって一番大事な要素はなにか？ とよく考えてみると、全然違うものを求めていたりするんですよ。たとえば、最年少で出世したい、とかね。私にとって出世というのは、どちらでもいいことで、家族や部下の誰かの役に立つことのほうが大事なんです。でも彼女には出世がとても重要なことだった」

「つまり、どういう勝ち方が好きか、というのは、バラバラなんだと？」

「そうですよ。そして、エネルギーのある人というのは、何かしらの欲を持っている。その欲を満たすような、いろんな種類の勝ち方をチームとして用意してあげることなんですよ」

　すごい、と私は思った。異なった勝ち方を用意してあげること。これは、自分より優れた人を部下に率いるための、最良の方法なのかもしれない。

　最後に、私は素朴な質問をした。

「なんでそんな詳しいんですか？」

「私はずっと、起業家支援の本が作りたかったんですよ。そして起業家支援で、よく問題になるのが、どうやって後継者を育てるのか、という話なんですね。そのとき、うまくいった会社と、そうじゃない会社を調べたんです」

05

INTERVIEW

西村真奈美（34+5）

Manami NISHIMURA

成果を出せるのは
他人と違う観点で
ものを見られる人

「生活水準は落としたくないですね」

そう、彼女は言った。東京のど真ん中、港区のホテルのラウンジで、私は話を伺うことになった。私は予定より15分ほど早く席に着き、メニューを開くと、１杯千円もするコーヒーに、ぎょっとした。

彼女は予定時刻より、10分ほど遅れて到着した。

「たまたま、名古屋に出張があったときに出会ったのが、今の旦那で。最初はなんだか、冴えない人だなと思ったんですけど、気づいたら結婚していました」

そう語ってくれた彼女の名前は、旧姓・小林真奈美。編集者・小林希の実姉にあたる。彼女は、仕事場でも、旧姓を使っているようだ。

「では、小林さんにとって、仕事とは、たくさん稼ぐためのもの、という感じですか？」

「そうですね。そう言っちゃうと、乾いて聞こえるかもしれないけど、仕事は今の生活水準を下げないためにある、って感じかな。お金があったら、選択できるじゃないですか？ 私は今、外資系に勤めていて、ヘッドクオーター（親会社）の方針次第で、シンガポールに行かされる可能性があるんですよ。でも、お金さえあれば、日本に残りたいのでやめます、と言えるし」

「たしかに。お金があると、選択肢は増えますよね」

「そう。というか、一番嫌な選択を速攻で消せるでしょ。だから、若い頃は、自分が自立しておくために、早い段階でお金を稼いでおいたほうがいいと思う。特に女がお金がないまま歳とると、他人に

自分の人生を任せるしかなくなっちゃうから」

一般的には彼女は、“綺麗なキャリア”と呼ばれるルートを歩んでいる。国内でも有名な私立高校を卒業し、そのままストレートで大学に進学、就職している。いわゆる、エリートと呼ばれるキャリアに近い。

その日、私はすでに、妹である小林希のインタビューを終えていた。したがって、さすが姉妹だなと思った。考えが似ているとも思った。そこで聞いてみることにした。

「妹さんは有名な編集者ですが、妹さんと、自分は似ていると思いますか？」

「あぁ、希ね」と彼女は言い、続けてくれた。

「全然似てない、と私たちは思っているんだけど、両方知っている友達からは似てるって言われるから、どっちかな」

そう言うと彼女は笑った。私は思った。たしかに、兄弟や姉妹は、本人たちは似ていないと思っていても、周りから見るとそっくりに見えるものだ。私は聞いた。

「では、ご自身では、どういうところが“似ていて”、どういうところが“違う”と思いますか？」

「似ているのは、自由なところ。二人とも日本人っぽくないというか。意見もハッキリ言うタイプだしね。口が悪い」

「なるほど。では、違うところは？」

「彼女のほうが、やりたいことを持っているかな。私からすると、よくまぁ、そこまで頑張れるわ、ってぐらい意識が高いんだよね」

「意識が高い？」

「そう。たとえば、就職活動のときとかって、正直、明確にこれがやりたい、なんてないのが普通じゃないですか？ でも妹はあったんですよね。あの子、第一志望は受からなかったみたいなんだけど、それでも着実にステップアップしていって、今は自分のやりたい仕事に辿り着いた。一方で、私は割と器用だったから、就職活動のときも、第一志望にたまたま受かって。でも、正直、そこそこ給料もらえて、知名度のある会社だったらいいかなー、って程度にしか考えてなかったんですよね。だから、仕事内容とかなんでもよかった」

これは面白い問題だと思った。

やりたいことがあるが第一志望に落ちた妹と、やりたいことがないが、第一志望に受かった姉。どちらのほうが、その後、幸せなキャリアを歩む可能性が高いのだろうか？ 私はそんなことを考えた。そして聞いた。

「今はお仕事で、100名近くのマネージャーをしていると聞きました」

「はい。そうですね」

「これまでの話を聞くと、小林さんのキャリアはすべてが順調なように聞こえますが……人生で特に、苦労したことはなかったですか？」

「ありますよ。20代はそれなりに頑張って仕事もしていたし。それ

に、来年も今の会社で働けているかどうか？ は正直わからないところがあるし」

「でも、自分の足で立っている、という自信はあるわけですよね？」

「そうですね、それはありますね。グローバルで成功している企業って、もうすでに成功するための方法論ができているんですよ。だから、高い目標を持っていても、そんなに苦ではないんですよ。変に奇をてらわずに、やるべきことをやっていけば、成果がついてくるので。だから、答えがわかっているというか。楽ですよね」

「物足りなくないんですか？」

「全然」

「僕なら飽きてしまいそうですが」

「私は特に、自分が特別だとも思っていないし、特別でありたいとも思っていない。それは、家族や友達の中だけでいいし、他人と比較しても仕方ないですから」

　私は、強いな、と思った。人間は一般的には、やりたいことがあるほうが強い、と思われがちだが、それは逆だ。やりたいことがある人のほうが弱いのだ。なぜなら、そのやりたいことを奪われてしまったとき、ダメージを受けるからだ。一方で、やりたいことがない人は、その意味で強い。実は打たれ強いのだ。

　いや、正確にいうならば、やりたいことがないけれど、自分の足で立つことができている人は最強——ということだ。なぜなら、権力や力など、普通の人が屈する力では、彼女を変えることができないからだ。だから、彼女は強いのだろう。

私は聞いた。

「話を聞けば聞くほど、小林さんは、“強い人だなー”と思うのですが、小林さんは心が乱れたり、自分を見失ったりすることってないんですか？」

彼女は少し止まり、目をくるっと回し、そして、こう言った。

「やっぱり、家族かな。さっきはああ言ったけど、私にとって唯一、心が乱れるとしたら、パートナーや子どもに何かあったときのような気がしますね。仕事では、ない気がします」

「やはり」

「だって、やりたことが明確にないって、ある意味、超楽なんですよね。気楽ですよ。だって、挫折って、やりたいことがある人の元に訪れますよね？ 妹なんて見ていて、本当に大変そうだな、って思うんですが、会社の人とよくぶつかるんですよ。その度に、私は、この子、本当に茨(いばら)の道、歩いてんなー、って思います。私はないですね」

私は少しこの話を掘り下げてみようと思った。なので、こう聞いた。

「正直な話、私はどちらかというと、やりたいことを持っているタイプなんです。それで、でももし目の前に、自分がやりたいことがない人がいたとします。その人は、小林さんと同い年だけど、小林さんと違って若い頃、勉強も頑張ってこなかった。私も今から小林さんみたいになりたいです！ って人がいたら、どう言いますか」

「無理じゃない？ っていうでしょうね」

「(笑)　そう言わずに」

「正直、他人のことは全然わからないし、アドバイスなんてできる立場じゃないです。でも、多分だけど、子どもを持ったら少し変わる気がします」

「ほう、というのは？」

「私、さっきは“やりたいことがない”って言いましたが、でも、意外と、10代や20代前半の頃は、夢とか、挑戦心持っている人が嫌いじゃなくて、スポーツやってる子とか、そういう人とばかり付き合ってもいたんですよ」

　彼女のサバサバした性格から考えるに、スポーツをやっている人と付き合っていそうだ。なぜだろうか、私はその姿が想像できた。彼女は続けた。

「それで、今、私には、14歳の子どもがいて、彼はショコラティエになりたいらしいんですよ。14歳ですよ？ びっくりしません？」

「すごいですね、小さい頃から、自分のやりたいことを持っている」

「最初は、まぁ、気まぐれだろうなと思ってたんですが、どうやら本気みたいで。私は、ショコラティエで食べていくことの難しさもわかっているから最初は否定しようとしたんですよ。そんな仕事では、食べていけないよ、って。でも、よくよく考えてみたら、それって本当かな？って思い返したんですよ。たくさん稼ぐことができないのは、本当かもしれないけど、ショコラを作る経験って本当に意味ないのかな？って」

「どういうことですか？」

「大人になって思うのは、結局、どの世界でも、すごい成果を出せる人って、ちょっとクリエイティブなところがありませんか？ 他の人と違うというか、違う観点でものを見られる人」

実際、論理的思考で仕事をしていると思われているコンサルティングファームですら、その中で成果を出せる人は、どこかしら「他の人と違った感性」を持っている。私はそう思った。彼女は続けてくれた。

「それで、有名なショコラティエの話をテレビとかで見ていると、実は頭もよかったりする。要は、小さい頃に、好きなことを夢中になってやっていることは、食べていけるぐらいの仕事につながるかはわからないんだけど、その経験は無駄ではないんですよね。多分。これは妹の影響もあるかもしれないけれど」

「面白いですね。つまり、作る仕事は、ダイレクトには金にならないかもしれないが、いずれ他の人と差別化する力にはなる、と」

「そう。それに、私は外資系で働いてるからこそ感じますが、最近は、若い人でもたくさんすごい人が入ってくる。自分より若い人から学ぶことも増えてきて。年齢は関係ないな、って思うようになりましたよ」

私は１杯千円もするコーヒーを手にとり、そしてさらに聞いた。

「なるほど。もう少し詳しく聞いていいですか？」

「そのまんまだけど、年齢って、関係ない。本当に。もし私が誰かにアドバイスできるとしたら、年齢を気にしない会社を選んだほうがいいんじゃない、ってことかな。業界とか職種はどうでもいい。ただ、今の時代、何か大事なことを年齢で決めるような会社には絶

対入らないほうがいいね、グローバルのキャリアで詰むから。今や、若い人からでも学べる人じゃないと、国際展開したときに、誰もついてきてくれないし、相手にしてくれないからね」

彼女はそう言うと、背筋をピンと伸ばしたまま、ハーブティーらしき紅茶を飲んだ。

06 INTERVIEW

本間健太郎 (52+5)

Kentaro HONMA

時代が変わるというのは、“当たり前が変わる”こと

「駅前に商店街があって便利だから、この街に住むことに決めました」

と彼は言った。私はその日、自宅から40分ほどかけて、彼が住む街の最寄駅を訪れた。駅前の広いロータリーを抜けると、大きめの商店街があった。私たちは、商店街の中程にあるコーヒーチェーン店で話をすることになった。

「いろいろありましたよ、サラリーマン人生は」

と彼は言った。彼は今、57歳。髪にも白髪が目立ち始めている中年の男性に、私はなんとなく親近感を感じていた。私は言った。

「私の父も実は、本間さんと同じぐらいの年齢なんですが、本間さんにとって、サラリーマン人生はどんなものでしたか？」

彼はコーヒーを両手で包み、「そうだなぁ」と言って、静かに、ゆっくりと話してくれた。

「働くことって、人生の一部でしかないですよね。働くことだけに熱中できたのは、20代までで、それ以降は人生をどう楽しく生きようか、ということのほうが大事になってくるもんなんですよ。スピードが速いとか、そういうことじゃなくて、自分の望むペースで仕事を進められたり、働く環境が悪くないとか、そのほうがずっと大事だと思うようになりました」

一般的に、仕事への満足度を決めるものは、歳を重ねるごとに、「環境重視型」と呼ばれるものになっていく。仕事内容や給与よりも、どんな環境で働けるか、自分の趣味や、自分の生活ペースを崩さずに働くことができるか、ということを重視するようになる。

彼は続けた。

「実は私、サラリーマン生活で、この５年間が、一番楽しかった気がするんですよ。反対に一番苦しかったのは、そうだなぁ、40代の頃じゃないかなぁ……私たちの世代って割を食った世代なんですよ」

「割を食う？」

「ええ、私たちの年代って、いわゆる、団塊の世代が先に引退し、年金がこのままじゃ足りない！ となって、定年が伸びていくし、一方で、出世もなくなっていって、会社にいても、自分が率先してできることがなくなっていくんですよね。世の中は、変われ！ 変われ！ というけれど、今さらそう言われても、と思ってた同世代は多いんじゃないかな」

なるほど、と私は思った。そしてストレートにこの質問をしてみた。

「あの、言い方は悪いですが、『使えないシニア問題』みたいなのがありますよね。大きな会社にいる、窓際族というか……」

「ありますね」

「先ほどの、本間さんの話は、それに近いのかな、と失礼ながら思ったのですが、実際、本間さんはそれをどうやって克服したんですか？」

「正直、克服できたのか、今でもわからないです。でも、そうだなぁ……、キッカケがあったからな、私の場合」

「キッカケ？」

「ええ。私、若い頃、身体を壊したんですよ。働きすぎて。それから、いい意味で上の人の目を気にしなくなったというか、出世を諦められたのが大きかったですね。変に自分の上司に媚(こ)びる必要はないって。自分が役に立てる人から、ありがとうとか、感謝されればいいんだな、って思えるようになった。出版社って会社によって、社風が全然違うんですが、私の会社は割と官僚的だったので、若い人が意外と伸び悩んでいたりしたんですよ。上司と相性が合わなかったりで、この先どうすればいいんだろう？って悩んでいるように見えた」

「へえ」

「社内にもいるんですよ、本当は、サポートが必要なんだけど、なかなか相談できない子たちが。私は上への社内調整は苦手で出世はできなかったけれど、編集の技術はみっちり20代で学んだから」

「なるほど、いい指導者になっていった、と」

「あとはね、社内で一度、すごく生意気な若者と一緒に働くことがあって、それは振り返ってみると、とてもいい経験でしたね。その子は最年少で編集長になった女性だったんだけど、何度もぶつかりました。この野郎！ と思ったことも何度もありましたよ」

　意外だ、と私は思った。違う世代同士でぶつかること。実は、人が自分とは違う世代と正面からぶつかる、というのはそれほど多くないからだ。陰でぶつかることはあっても、正面からぶつかることは少ない。特にこの国では。私は手元にあるコーヒーを口に運び、こう聞いた。

「何でぶつかったんですか？」

「あぁ……今、思えば、私が時代に追いついていけなかったんだと思います」

「時代？」

「ええ、私たちの世代って、なんだか、仕事ができない、とか揶揄(やゆ)されることもありますが、実は、そんなことないんですよ。仕事のやり方とか、仕事のできる人の定義とかって、実はどの時代もそんなに変わらない。昔から時代の変化に対応できるような、優秀な人はいた。彼らは、仕事ができる人だったし、頭がキレる人間もたくさんいた」

「そんな気がします。いつの時代も、成果を出す人は成果を出せる気がします」

「ええ。じゃあ、何が違うかっていうと、それは“当たり前”の部分なんですよね。価値観というか。私たちが若い頃、仕事場で受けてきたことや、感じてきたこと、生きてきたなかで“当たり前”だと思っていたこと。それがぶつかることが、問題なんですよね、本当は」

面白い、と私は思った。私は言い返した。

「私は昔、ある取材を受けたとき、考えたことがあるんですが、ある種の天才的な才能を持った人の社会的役割とは何か？ と。それは時代が許した嘘を暴く、ということだと思うんですよね。言い換えると、その時代にはその時代だからこそ、許されていた“当たり前”というものが存在していますよね。地動説もそうですし、人は空を飛べない、というのもそうです。人の寿命だってそう。昔は40歳ぐらいしか生きられなかったわけですよね。でも、才能ある人たちはそれを技術や理論を使って、覆していくわけですよね。そう考えると、時代が変わるというのは、実は“当たり前が変わる”ことな

のかもしれません」

「面白いね」

　彼はそう言った。私は続けた。

「だから、おそらく、本間さんがさきほどおっしゃった、若手編集者との出会いも、“本間さんの中での当たり前”がひっくり返ったということなんだと思うんですよ。なぜなら、当たり前というのは、現実的には、世の中全体では存在しておらず、結局は、一人ひとりの中の認識に存在しているものだから。違いますか？」

「あぁ、まさにそうだな……。すごくわかるね。私にとって、若い人はこうあるべき、とか、女性はこうあるべきってのがあったんだろうな」

　そう言うと、本間さんは口をつぐみ、しみじみとした顔になっていた。
　私は質問を少し変えようと思った。

「では、改めて今、本間さんが思う、世の中の“当たり前”はどう見えていますか？」

　私がそう言うと、彼は「難しい質問だな」と首をひねり、しかし、答えを教えてくれた。

「当たり前って、語源は、“一人当たりの分け前”って言葉からきているんだよね。昔、魚をみんなで捕まえたら、その分け前をもらう。その権利を指して、当然、当たり前にもらうべきものって意味になったんだよね。だから、当たり前が変わるってのは、その権利が変わるってことなんだろうね。年金を受け取る権利があるはずだった

のにとか、出世できる権利があったはずなのに、ってね」

「つまり、その“権利”に関しての考えが、20代の頃と、50代の頃では変わったということですか？」

「そうだなぁ……私の中で明確に変わったと思うね。昔は“権利”を信じていた部分がある。自分が会社のために頑張ったんだから、当然、報われる権利がある、ってね。でも、今は、権利なんて言葉、気休め半分でしかないのかもしれない。そう感じるね、年金とか、出世とか、若い頃我慢したら、いずれ権利を得られる、出世できるかもしれない。そう信じて頑張ることは、若い頃はできるかもしれない。でも、これぐらいの年になると、“あなたには将来、こんな権利がありますよ”って甘い言葉を言われても、話半分で聞くだろうね」

「権利に関して、疑い半分で聞くようになった、と」

「あぁ、そうだね。だから、自分の若い頃みたいに、権利を強く主張する若い奴らが嫌いだったのかもしれない。そんな甘くないんだ、俺たちだって権利を奪われたんだから、お前たちもワガママを言うな、なんて。そんなことを思っていたのかもしれないな」

　私は彼の話を聞いて、権利とは歳を重ねるにつれて、主張するのではなく、守ってあげるものになっていくものなのだろうか、と思った。それが力のある、成熟した大人になる、ということなのだろう、と。

　反対に、権利ばかりを主張し続ける人はいつまで経っても心は幼い人間のままだ。これは年齢は関係ない。むしろ、年齢を重ねるほどに、権利に対して強欲になる面すらあるかもしれない。私は、自分自身がいずれ老害と呼ばれないために、誰かの権利を守ってあげ

るようになっていくこと、そのための知恵と力を身につけなければならない、と彼の話を聞きながら思った。最後に彼はこう言ってくれた。

「まだまだ、ここから楽しみでもあるけどね」

　その表情は、どこか清々しさも含まれていた。

07

INTERVIEW

佐倉愛子 (25+5)

Aiko SAKURA

変わるなら自分の意思で

「ファッションは大好きで、自分の気に入った服じゃないと、気分も上がらないです」

と彼女は答えてくれた。佐倉愛子、彼女は出版社に勤めるデザイナーだ。大学時代から、よく通っていたという池袋の街で、彼女の仕事観に関して話を聞いた。

「私、本当はすごい負けず嫌いなんですよ。
表にはできるだけ出さないようにしてるんですけど」

そう言うと彼女は視線を逸（そ）らし、少し笑った。

私は少し意外な印象を受けた。

仕事に対する姿勢は、見た目や服装にもよく出る。たとえば、毎日きちっとスーツを着こなす人は、仕事も几帳面だ。一方で、服装がルーズでだらしない人は、仕事でもこだわりがなく、ルーズであることが多い。私は彼女の服装を見た。

椅子にちょこんと置かれた、ブランドのバッグは落ち着いたピンクで、全体のコーディネートのなかで差し色としてアクセントになっていた。髪の毛は綺麗な栗色グレージュで、十分に手入れされたであろうそれは、毛先までツヤが残っていた。彼女は続けた。

「多分、私は、否定されるのが、すっごい嫌いなんですね。仕事でも同じで、デザインの仕事でも、上司の意見に対して、“はいはいー”とか表では言いながら、ちょっとだけ陰で抵抗したりするタイプなんです」

私は笑った。そしてこう言った。

「あはは。たしかにいますね。毎回、“わかりました”とか言いながら、微妙にちょっとだけ抵抗してくる若手」

「そうそう！ 私、そのタイプです」

私たちは笑った。この瞬間、私は彼女の性格がなんとなくわかった気がした。彼女自身はとてもこだわりが強いタイプだが、それは「ある特定の領域」でのみ、発揮されるのだろう。私は聞いた。

「佐倉さんは、自分のことって、好きですか？」

「はい、割と好きですね」

「では、逆に嫌いな人っていますか？」

「いますね」

「多分ですが、愛子さんの服装とかに、いちいち文句言ってくる人じゃないですか？」

「そう!! 仕事場でも、自分の服装とかにいちいち文句言ってくる人がいませんか？ そういう人が一番嫌いです」

「やっぱり」

「なんでわかるんですか？ 言い方は悪いけど、男性に多いっていうか。あれが一番、仕事の満足度を下げますよね。だって、私は私のことを一番知っているし、自分のスタイルを崩したくないから、服装とかで、“XXさんは、こういう服装のほうが似合うのに”とか、“こうしたほうがいい”とか言ってくる人は、一瞬で、“あぁ、この人ない”ってなります」

「男性としては、耳が痛いですが……」と私は言った。

「だいたい、仕事の話ならまだしも、全く関係ないことをああだ、こうだと言ってくる人って、一番なくないですか？ 昔から超嫌いなんですよ、私」

「つらい……、でも、わかります。人が身につけているものとか、持っているものって、“必要か不要か”以上に、好きか嫌いかというか、“自己肯定感を上げるものか、上げないものか”という軸があると思うんですよね」

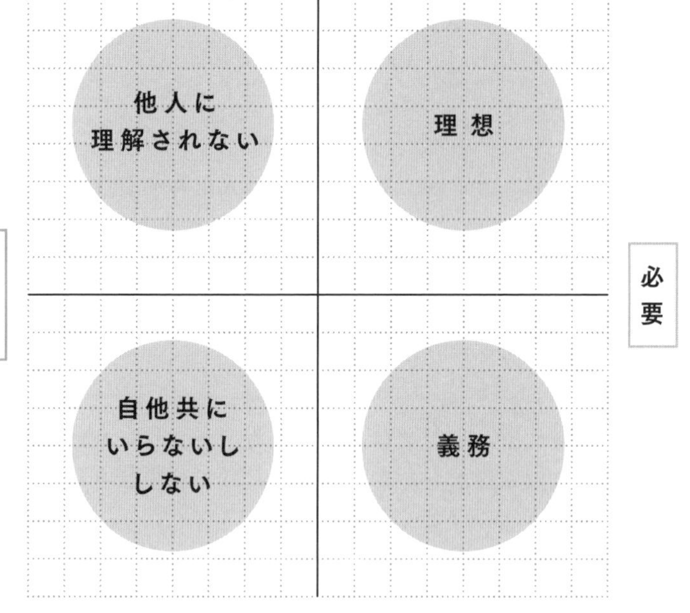

「それで、服装や、バッグ、ネイルってのは、“必要か不要か”とかではなく、“自己肯定感を上げるかどうか”の側面も大事だったりするわけじゃないですか？ それをわかっていない人が、必要か、不要か、という軸だけで押し付けてくると、一気にテンション下がりますよね」

「わかる〜!!」

そう言うと彼女は笑った。私は少し心がホッとした。どうやら共感を得られたようだ……。

「あの、佐倉さんは、将来、管理職、人を率いる立場になりたい、とかって思ったりしますか？」

「全くなりたくないです。大変そうだし」

「大変そう？」

「自分と全然違う人とか、考え方も違う人たちをまとめるんですよね？ 絶対無理だと思います。だって、私わがままなので。それに、割に合わない気がします」

「割に合わないっていうのは？」

「管理職になって、お金がたくさんもらえたりしたら別ですけど、うちの会社は残業代がつかなくなって、むしろ年収も下がるらしくて。だから、全然やりたくないです」

「気持ちはわかります。でも、愛子さんも、どこかで、会社から管理職をやってくれないか？ と言われる日がくるかもしれませんよね。そうしたらなんと言いますか？」

「正直に、“嫌です”と言うと思います。もし、やるとしても、小さな、３人とか、４人ぐらいの部署がいいです、若い子たちだけで。私にとっては、自由に自分が好きなことをやっているほうが楽しいので。管理職をやるぐらいなら、その時間で、副業とか、フリーランスの仕事をやってみたいです」

「へえ、それはどうしてですか？」

「仕事を自分で選べるし、好きな場所とかで働けそうじゃないですか？ 本業もあるから、無理に稼ぐ必要もないし、自分で選べそう。私がやっている本業のデザイナーだと、校了のタイミングがあるので、その直前だと家に帰ってやらないといけないことがあったり、土日も出たりしないといけないのが本当に嫌で。私は家に早く帰って、家事とか料理もしたいタイプなんで」

「料理も自分でするんですか？」

「私、料理は割と得意なので」

「そうなんですね……なんだか、なんでもできますね」

「全然ですよ、自分が好きなことに関してはちょっとだけできるぐらいです」

そういうと彼女は、首を振った。私は聞いた。

「少し話を変えさせてください。抽象的な質問になるんですが、佐倉さんにとって、“当たり前”ってどういうものですか？」

「当たり前……??」

「そうです。当たり前って言葉がありますよね。こうするのが、当たり前とか、職場ではこうあるべきとか、そういう世の中の“当たり前”って言葉です。この言葉にそもそも、どんな印象がありますか？」

彼女は、目をパチクリさせて、“当たり前”かぁ、と呟いた。そしてこう言った。

「うーん……、ちょっと“おじさんっぽい”って感じかな」

「おじさん、ですか？」

「そうです。あ、でも、おじさんっていうか、おじいちゃんとか、おばあちゃんっぽいイメージがあります」

「“当たり前”って言葉自体がですか？ どういうことですか？」

「だって、“当たり前”って言葉を使う人って、だいたい、おじいちゃんとか、おばあちゃん世代の人じゃないですか？ 今の私たちの世代の人って、“当たり前”って言葉を使います？」

「たしかに。意外と使わないかもしれないです。もっと違う言葉で表現するかもしれないですね。“みんな使っている”とか、“みんな持ってる”とかは言いますが」

「そうそうそう。私って、流行りものとかチェックするの好きだから、今これが流行ってんだ、とか、みんなが持っているものとか調べるの好きなんですよー。だから、流行っていることとか、みんなが欲しがっていることには興味があります。でも、それって“当たり前”とはちょっと違わないですか？」

　面白い感性だ、と思った。言われてみたらそうだ。いつの時代も、若い人は、流行に敏感だ。みんなが使っている、みんながやっている、そういうものにセンサーがある。でも、それは「皆がこうあるべき」「使うべき」というものとは少し違うものなのかもしれない。私は彼女の本意を知るためにこう言った。

「たしかに、“当たり前”、というと、どこか押し付けがましい印象があります」

「うん。だから、当たり前って言葉は、私のおじいちゃんとか、おばあちゃんの世代が使う印象があるんですよね〜。ホント、なんか押し付けがましいっていうか？ 昔、って感じの言葉」

　そう言うと、彼女は、カバンから鏡を取り出し、自分の髪型をチェックした。私は、彼女は実はとても賢い女性なんだろうと感じた。見た目で人の中身はわからないものだと改めて感じた。さらに聞いてみた。

「もう一つ、“変わること”ってどういうものですか？ つまり、佐倉さんは、変わることってそもそも好きですか？ 嫌いですか？」

「……難しい質問ばっかりする〜！」

　と彼女は髪を整えながら、笑った。私はぺこりとお辞儀して、こう言った。

「すみません……そういう趣旨なので。どうでしょう？」

「うーん。自分で変わることは好きです。でも、変えられるのは嫌いかも、私って」

——変わることは好きだけど、変えられるのは嫌い。

これは人間の本質かもしれない、と私は思った。人には、変わることが根本的に嫌いな人もいる。一方で、変わることが好きな人にも２種類のタイプがいる。自分で変わるのが好きな人と、他人に変えられるのが好きな人だ。これらは、似ているようで違う。前者は、自分のこだわりが一番大事で、変わるのは自分の意思で変わる。自分の価値観に強くこだわりを持っているのだ。一方で、後者は、他人からの影響を受け、世の中に合わせて、どんどん自分を変えていくことができる。

その両者の違いは何か？
それは、「何を変えるのが嫌いか」という点だ。

前者は、「過去」をベースに、物事を考えている。つまり、「過去に自分がこうだったから、云々(うんぬん)……」という考え方をする。一貫性を大事にするのだ。

一方で、後者の人たちは「未来」をベースに、物事を考えている。到達したい未来があり、それはブレずに変わらない。でも、その過程で、過去の自分には興味がない。したがって、その未来を達成するために、自分を変えていくことができるのだ。

佐倉愛子——彼女は、きっと、前者の人間なのだろう。
私は言った。

「佐倉さん、面白い人ですね」

彼女は、なにそれ〜と言いながら、「ほめ言葉ですか？（笑）」と笑ってくれた。私は冷たくなったコーヒーを一口含んだ。

北野唯我（きたの・ゆいが）

兵庫県出身、神戸大学経営学部卒。就職氷河期に博報堂へ入社。ボストンコンサルティンググループを経て、2016年、ワンキャリアに参画。現在取締役として人事領域・戦略領域・広報クリエイティブ領域を統括。またテレビ番組や新聞、ビジネス誌などで「職業人生の設計」「組織戦略」の専門家としてコメントを寄せる。

著書に『転職の思考法』『オープネス』（ダイヤモンド社）、『天才を殺す凡人』（日本経済新聞出版社）、『分断を生むエジソン』（講談社）がある。

百田ちなこ（ももた・ちなこ）

福島県出身、埼玉県在住。

漫画家・イラストレーター。

コミックエッセイ、4コマ、広告漫画等を中心に活動中。

著作に『地方女子の就活は今日もけわしい』（KADOKAWA）、『理系夫とテキトー奥さん』（イースト・プレス）、WEB連載に「残念OLはキラキラ妄想がお好き」（マイナビニュース）等がある。

Twitter/Instagram @momotachinako

Blog：「ぐだぐだえにっき」 http://ameblo.jp/mchinako/

これからの生き方。

自分はこのままでいいのか？と問い直すときに読む本

発行日　2020年8月21日　初版第1刷発行

著　　者　北野唯我、百田ちなこ
発 行 者　秋山和輝
発行・発売　株式会社世界文化社
〒102-8187　東京都千代田区九段北4-2-29
電話　03（3262）5118（編集部）
電話　03（3262）5115（販売部）
印刷・製本　株式会社リーブルテック

装　　幀　小口翔平＋三沢 稜（tobufune）
本文デザイン　村奈諒佳
製　　版　株式会社アドクレール
校　　正　株式会社円水社
編　　集　大森春樹（世界文化社）

ISBN978-4-418-20601-8

〈参考文献〉

・Donald.E.Super『Life Roles, Values, and Careers: International Findings of the Work Importance Study』(Jossey-Bass)

・渋沢栄一『論語と算盤』(KADOKAWA)

・「World Wealth Report」(capgemini／2018年版)

〈企画協力〉

ミュゼ ドゥ ショコラ・テオブロマ

〒151-0063 東京都渋谷区富ケ谷1丁目14-9
https://www.theobroma.co.jp/
土屋公二シェフほか従業員の皆さん

浅見欣則シェフ（パティスリー・ヨシノリ・アサミ）

https://twitter.com/kounotori151010

サロン・デュ・ショコラ

（公式サイト）https://www.salon-du-chocolat.com/
（日本公式サイト）http://www.salon-du-chocolat.jp/

岩崎祥大、津倉徳真、伊藤涼、清原麗、片見斗希生、
寺口浩大、押切加奈子、長谷川嵩明、清水信之、
片見祐美、岩本美咲、早川茉希、猿渡歩、具嶋友紀、
中澤真知子、林裕人、黄未来、黒田剛

（敬称略）

14の労働価値	あなた	
1. 能力の活用……自分の能力を発揮できること		
2. 達成……良い結果が生まれたという実感		
3. 美的追求……美しいものを創りだせること		
4. 愛他性……人の役に立てること		
5. 自律性、自立性……自律できること		
6. 創造性……新しいものや考え方を創りだせること		
7. 経済的価値……たくさんのお金を稼ぎ、高水準の生活を送れること		
8. ライフスタイル……自分の望むペース、生活ができること		
9. 身体的活動……身体を動かす機会が持てること		
10. 社会的評価……社会に仕事の成果を認めてもらえること		
11. 危険性、冒険性……わくわくするような体験ができること		
12. 社会的交流……いろいろな人と接点を持ちながら仕事ができること		
13. 多様性……多様な活動ができること		
14. 環境……仕事環境が心地よいこと		

上記の中であなたが仕事に対して求めること、重要視していることを

そう思う＝◎、 まぁそう思う＝○、 どちらとも言えない＝△、 そう思わない

MEMO

= ✕　でマークしてください。

※上司、部下、同僚等にヒアリングして埋めてください

※コピーするなどしてお使いください

✂ 切り取り線